ANNA BINI · GILLES & CATHERINE DE CHABANEIX

TOSKANA

DIE KUNST ZU LEBEN

Mit über 30 Rezepten

COLLECTION ROLF HEYNE

Titel der italienischen Originalausgabe:
Toscana. L'arte di viaggiare al ritmo delle stagioni

Ins Deutsche übertragen von Marion Pausch

Die Autoren danken den genannten Köchen und Restaurants
für die Unterstützung und die freundlicherweise zur Verfügung gestellten Rezepte.

Texte: Anna Bini
Beppe Manzotti (Bildunterschriften und Seiten 5, 47, 99, 137)

Photos: Gilles de Chabaneix
unter Mithilfe von Catherine de Chabaneix

Umschlaggestaltung: Hauptmann und Kampa Werbeagentur, CH-Zug,
unter Verwendung eines Fotos von Look, München/Katja Kreder
Graphische Gestaltung: Jean Jacques Driewir
Redaktion und Satz: bookwise, München
Herstellung: bookwise, München
Druck und Bindung: Giunti Industrie Grafiche – Stabilimento di Prato

Printed in Italy

ISBN 3-89910-178-2

Inhalt

Frühling 5

März: Über Hügel und verzauberte Dörfer von Florenz nach Siena 6

April: Friedvolles Osterfest fernab von Menschenmassen 21

Mai: Durch blühende Villengärten in Lucca und Florenz 33

Sommer 47

Juni: Düfte, Farben und Speisen der Insel Giglio 48

Juli: Leidenschaftlicher Palio und friedliches Umland 63

August: Unberührte Natur im geheimnisvollen Land der Etrusker 82

Herbst 99

September: Eine Gelegenheit für Antiquitätensammler 100

Oktober: Trüffeln und Pilze in der Heimat von Piero della Francesca 112

November: Chianti, Brunello und Gutshofküche 122

Winter 137

Dezember: Weihnachtseinkäufe im winterlichen Florenz 138

Januar: Ungewöhnliches Neujahrsfest im alten Kloster 154

Februar: Marmor und der Karneval von Viareggio 169

Reisen und Genießen im Wechsel der Jahreszeiten 193

Wenn man an den Frühling in der Toskana denkt, hat man sogleich Botticellis großformatiges Gemälde in den Uffizien vor Augen. Nur wenige Träume überdauerten die Zeit und meist sind es jene, die die Träumenden festgehalten haben, kaum dass sie erwacht sind. Botticellis großer allegorischer Traum lebt von klaren, lichtvollen Symbolen und wirkt wie eine harmonische Synthese all dessen, was den Frühling ausmacht: die Farben der Blüten, des reifenden Korns, des zarten Grüns, der blühenden Pfirsich- und Kirschbäume. In einigen Regionen der Toskana dominiert jedoch das helle Violett der Schwertlilien, die dort für die Parfümindustrie angepflanzt werden. Während der beiden Wochen ihrer Blüte färben sich dann in der Gegend von San Polo in Chianti ganze Hügel violett. Die noch hellere Glyzinie schmückt die Mauern vieler Häuser und Gärten; dunklere Lavendelbüsche säumen die Ränder der Gemüsegärten. Herrlich fügt sich dazu das Gelb der Ginstersträucher, die auf fast allen brach liegenden Wiesen ihre Pracht entfalten. Zwar überrollt in diesen Monaten eine erste Touristenwelle die Städte, doch eigentlich sollte man im Frühling das Umland erkunden oder durch Villengärten spazieren, die zwischen Hügeln oder hinter hohen Stadtmauern verborgen liegen. Wer mehr Zeit mitbringt, kann die Hügel des Chianti durchstreifen, wo Menschen mit ihrer Hände Arbeit eine einzigartige Kulturlandschaft geschaffen haben. Hier, an den Hängen von Greve, Bargino, San Casciano und Badia a Passignano, reift einer der besten Weine Italiens heran. In den Gemüsegärten wachsen zur gleichen Zeit die Zutaten für die Köstlichkeiten, die in den Restaurants und schlichteren Trattorien der Region exquisit zubereitet für Gaumenfreuden sorgen. Auch die Kartausen, Klöster und Kirchen tragen ihren Teil zum Reiz des Frühlings bei. Das Patronatsfest des heiligen Benedikt, des Begründers der abendländischen Mönchsorden, wird im Frühjahr begangen. Die Gotteshäuser, die den Geist mittelalterlicher Mystik atmen und mit gregorianischen Gesängen zur inneren Einkehr rufen, entstanden zu einer Zeit, als Spiritualität und Architektur zusammengehörten und der zum Schöpfer gerichtete Blick bauliche Meisterwerke hervorbrachte. Die Überreste vergangener Zeiten sind in der Toskana eng mit der Natur verbunden. Klassisches Maß und harmonische Formen regen zum Nachdenken und kontemplativen Betrachten an.

Frühling …

März: Über Hügel und verzauberte Dörfer von Florenz nach Siena

Inmitten von Steinen und Muscheln steht diese anmutige Frauenskulptur in tänzerischer Pose. Der im italienischen Stil angelegte Park wirkt natürlich, sein Gestaltungskonzept ist jedoch genau durchdacht.

Der Frühling steht vor der Tür: Noch liegt der Garten der Villa Gamberaia in tiefem Schlummer, doch gerade zu dieser Zeit ist sein Zauber am stärksten. Die rosafarbenen Teichrosen bilden zu dieser Jahreszeit den einzigen Kontrast zu den grünen Buchsbäumen, die dem wundervollen Garten im italienischen Stil Struktur verleihen. Kundige Hände schneiden die Sträucher perfekt in Form und pflegen die strenge Architektur wie auch das harmonische Gesamtbild des Gartens.

Wenig später entfalten die Azaleen ihre dunkelrosa leuchtenden Blüten und im geheimen Garten mit seinen Nischen, Grotten und Brunnen heitern rosafarbene und blaue Hortensien das Bild auf. Bald erhalten die Zitronenbäumchen in der Orangerie ihre Plätze auf den Sockeln rings um die große Terrasse zurück und rund um die Bassins werden die Rosen blühen. Zwischen den grünen Buchsbaumhecken und den Steineichen erstrahlt hinter silbern schimmernden Olivenbäumen die Silhouette der Stadt.

Die Villa Bencistà in Fiesole erstrahlt noch im Glanz des 19. Jahrhunderts. Gäste, die das »gewisse Etwas« der Toskana suchen, sind hier gut aufgehoben.

Villa Bencistà – schon der Name ist ein Versprechen. Die Zimmer und lichtdurchfluteten Aufenthaltsräume dieses Hotels sind so gemütlich, dass man sich bei guten Freunden wähnt. Florenz liegt ganz in der Nähe, doch vom Lärm der Stadt ist hier nichts zu spüren. Die lilafarbenen Glyzinien sind gerade verblüht, grünes Blattwerk rankt sich nun um die Terrasse. Die Gartenstühle laden dazu ein, sich niederzulassen und den Blick über die grünen Hügel von Fiesole, die kleinen Ortschaften und das liebliche Tal schweifen zu lassen.

Ein absolutes Muss der toskanischen Küche ist gebratenes Hühnchen mit Artischocken. Artischockenblätter bilden einen Blütenkranz, in dem ein Nest von petersiliengewürzten Linguine ruht.

Für die »mamme«, die berühmten Artischocken aus der kleinen Provinzstadt Empoli, ist es zwar noch ein wenig früh im Jahr, doch im Pandemonio verleihen die zarten Korbblütler bereits hausgemachter Pasta und gebratenem Hühnerfleisch eine besondere Note. Eher unüblich ist die Verteilung der Arbeitsbereiche: Mamma Giovanna bedient und stattdessen geht ihr Sohn Francesco in der Küche seiner wahren Berufung nach. Er hat die Modebranche, für die er einst schicke Gürtel entwarf, verlassen und bringt nun schlichte, aber sehr geschmackvolle Hausmannskost auf den Tisch, darunter seine berühmten Spaghetti mit Artischocken, »La pasta di Cecco«.

Von der Einfahrt blickt man auf den italienischen Park und die elegante Loggia der Certosa di Pontignano. Das außerhalb des Klosterkomplexes errichtete Gebäude gleicht eher einem Palast als einer Kartause.

Karl der Große soll die romanische Abtei Sant' Antimo (vorhergehende Doppelseite) gegründet haben und der Legende nach wurde sie von Geisterwesen innerhalb einer Nacht errichtet, wobei sie die Säulen auf dem Kopf balancierten und die Steine in den Händen trugen. Wer die einsame Abtei auf dem Hügel heute besichtigt, kann sich gut vorstellen, dass sie einst zu den mächtigsten Klöstern der Toskana gehörte.

Ganz anders, aber nicht minder faszinierend wirkt die Kartause von Pontignano (oben und rechte Seite), die gleich mehrfach zerstört und wieder aufgebaut wurde. Park und Garten gehen vor der Doppelloggia, die man vom Portal aus erblickt, ineinander über. Das Haus, eine Oase der Ruhe, wurde im 17. Jahrhundert zusammen mit den beiden Kreuzgängen im Inneren rekonstruiert und dient heute als Studienzentrum.

Walter, der Koch der Frateria, lächelt freundlich in die Kamera; der Hund am Boden interessiert sich nicht übermäßig für das Geschehen.

Früher gewährte jedes Kloster Reisenden und Pilgern einen Tag lang freie Kost und Logis. In der Frateria di Padre Eligio können Urlauber in alten, stilvoll eingerichteten Klosterzellen übernachten. Bei den Gerichten, die Bruder Walter auf den Teller zaubert, kommen auch anspruchsvolle Gäste ins Schwelgen. Die Gewölbe, Kreuzgänge und engen Korridore schaffen eine ganz eigene, friedvolle Atmosphäre. Hinzu kommt die zauberhafte Natur mit Gärten und Wäldchen.

Exquisiter Geschmack schafft kulinarische Meisterwerke für den Gaumen; die Komposition sorgt dafür, dass auch die Augen auf ihre Kosten kommen.

Die Zucchini sind geerntet und sofort in einen köstlichen Auflauf gewandert. Sie kommen aus dem Klostergarten, den die jüngeren Mitglieder der Gemeinschaft bewirtschaften. Das grüne, klare Öl stammt aus Belverde, wo die Oliven wie in alten Zeiten in einer Steinmühle gepresst werden. Andere Gemeinschaften liefern die übrigen Zutaten, aus denen Bruder Walter die schlichten und dennoch fantasievollen Gerichte zaubert, die durch Einfallsreichtum und unvergleichliche Frische bezaubern. »Perfektion und Liebe« hat einmal einer der vielen jungen Männer gesagt, die hier die Freude am Leben wieder gefunden haben – und dies gilt zweifellos nicht nur für die Küche und Gärten.

April: Friedvolles Osterfest fernab von Menschenmassen

Jedem sein eigener Duft. Wie Bienen, die den Nektar verschiedener Blüten mischen, kombiniert Lorenzo Villoresi in seinem Atelier der einzelnen Person jeweils entsprechende Essenzen zu individuellen Parfümnoten.

Der Frühling duftet, Blumen duften, gutes Essen duftet und mit Düften beginnt auch dieser Besuch in der Toskana. Hoch oben in einem der Häuser am Ponte Vecchio öffnet sich ein Fenster auf Florenz. Vor dieser fantastischen Kulisse kreiert Lorenzo Villoresi seine Düfte. Nach seinem Philosophiestudium und einer längeren Reise nach Indien entdeckte er seine Leidenschaft für Wohlgerüche und Essenzen. Er kehrte nach Florenz zurück und experimentierte mit Blättern von Olivenbäumen und Zypressen, mit Rosmarin und Salbei. Die Zusammenstellung ungewöhnlicher Potpourris war der Beginn seiner künstlerisch-handwerklichen Tätigkeit. Essenzen haben seiner Auffassung nach eine tiefere Bedeutung. Deshalb beschäftigt er sich mit Psycholgie, um die Vorlieben und Gewohnheiten seiner Kunden im Gespräch herauszufinden. Nach einem angenehmen Plauderstündchen entsteht dann ein Duft, der perfekt mit der Persönlichkeit des Gastes harmoniert.

Bauernhäuser aus Stein, Zypressen und die immer selteneren Gehölze prägen das traditionelle Bild der toskanischen Landschaft. Zur toskanischen Küche gehören Ricotta-Soufflee mit grüner Wildkräutersoße und – schlicht, aber köstlich – Tagliatelle mit Steinpilzen.

Grün und voller Wohlgerüche präsentiert sich die Toskana um diese Jahreszeit. Auf einem der schönsten Hügel zwischen jenen des Chianti und dem Val d'Elsa steht ein Traumhaus, in dem man nicht nur den Aufenthalt genießen, sondern auch die Küche der Region kennen lernen kann. Hier taucht man ein in alte Rezepte und Köstlichkeiten, die mit den frisch geernteten Zutaten des Frühjahrs zubereitet werden. Historische Bauten, traditionelle Dörfer und Kunstwerke sind in diesem weniger überlaufenen Teil der Toskana zum Greifen nah. Am Abend erwartet die Gäste ein festlich gedeckter Tisch mit Ricotta, Kürbis und hausgemachten Tagliatelle.

Nach alten Vorbildern entstehen auf der Töpferscheibe gefertigte Tonwaren, glasierte und handbemalte Kacheln, Teller, Krüge, Becher und Vasen im traditionellen Stil.

Keramik spielt auch in der Geschichte von Montelupo eine wichtige Rolle. Bei Ausgrabungen entdeckte man Reste alter Majolika-Keramiken. Daraufhin kam es zu einem regelrechten Scherben-Jagdfieber. Aus einem alten freigelegten Brunnen förderte man Scherben aus dem 14. Jahrhundert zutage. Offenbar hatten Töpfer den »Pozzo dei lavatoi« genannten Brunnen als Schuttplatz genutzt und ihre zerbrochenen oder misslungenen Stücke hineingeworfen. Heute kann man diese in einem der bestbestückten Keramikmuseen Italiens bewundern. Ganze Familien widmeten sich einst dem Töpferhandwerk. Sie wären sicher stolz, wenn sie wüssten, dass wir die Gegenstände, die sie selbst für Ausschussware hielten, heute als Kunst betrachten.

Der Terrakottahund sieht aus, als würde er die Rückkehr seines Herrn erwarten oder um Streicheleinheiten betteln. Die Adler auf dem Dach scheinen jeden Moment davonzufliegen. Fantasie und eine lange Tradition prägen die Arbeiten von Mario Baldi.

»Civiltà del cotto« – so heißt die Terrakotta-Kunst aus Impruneta, eine jahrhundertealte Handwerkstradition, die in vielen Ateliers seit je vom Vater auf den Sohn weitervererbt wird. Geschickte Hände formen Figuren und kleine kunstvolle Objekte, Statuen und riesige Tontöpfe, Vasen und schlichte Ziegel, Masken und dickleibige Krüge. Im Holzofen erhalten die mit uralten Techniken gefertigten Tonwaren ihre charakteristische rötliche Farbe. Brunelleschis Kuppel des Florentiner Doms wurde mit Tonziegeln aus Empoli gedeckt und auch die Terrakottafliesen sowie der elegante Dekor vieler Palazzi und Villen in Florenz stammen aus der kleinen Stadt im Chianti.

Delfina ist eine außergewöhnliche Persönlichkeit, die noch immer in dem von ihr eröffneten Restaurant auf den Hügeln von Artimino wirkt. Das Gemüse aus ihrem Garten bildet die Grundlage für die köstlichen Gerichte aus ihrer Küche.

Auf den Hügeln von Artimino, zwischen Olivenbäumen und grünen Pinienhainen, baut die neunzigjährige Delfina in ihrem Garten frisches Gemüse an und sammelt herrlich duftende Wildkräuter. Borretsch, Brennnesseln und Glaskraut wandern in Aufläufe und Soßen, färben hausgemachte Tagliatelle oder verwandeln sich in köstliche Füllungen. So wie sie einst das Regiment über Töpfe und Pfannen führte, überwacht sie heute Koch und Küche, Neffen und Sohn, Gäste und Gaststube.

Frisches Gartengemüse und Wildkräuter sind die Grundzutaten für köstliche Kreationen mit persönlicher Note.

Zucchini, Zucchiniblüten, Salbei, Borretsch und Zwiebeln haben den Weg vom Garten und Feld in die Pfanne genommen, wo sie im Öl der Olivenbäume auf dem Hügel knusprig ausgebacken werden. Auf einer samtweichen Bohnencreme ruht ein köstlicher Rübenauflauf. Die ländliche Küche besticht durch Schlichtheit und Frische. Einst war sie ärmlich und eher derb, heute präsentiert sie sich üppig und raffiniert, vor allem wenn, wie hier, traditionelle Geschmacksnoten neue, ungewöhnliche Verbindungen eingehen.

Mai: Durch blühende Villengärten in Lucca und Florenz

Zarte Farben inmitten von Grün – die Natur selbst schafft die eindrucksvollsten Bilder. In ihrem Freiluftatelier fängt die Malerin Licht und Farben ein.

In den ersten Maiwochen bietet sich die einzigartige Gelegenheit, den Liliengarten in Florenz zu besuchen, der zu dieser Zeit seine ganze Blütenpracht entfaltet. Das im Stil eines toskanischen Bauerngartens angelegte Gelände mit Blick auf die Stadt befindet sich direkt unterhalb des Piazzale Michelangelo. Die Lilien stehen in voller Blüte: Über 2500 Arten werden im größten und berühmtesten Liliengarten Europas angepflanzt. Eine rote Lilie auf weißem Grund, die Florentiner Lilie, ziert auch das Stadtwappen. Bis heute gibt es in der Natur keine wirklich rote Lilie, doch ist man bemüht, eine solche zu züchten. Die Blumen sprießen alljährlich an der gleichen Stelle und werden mit den Ergebnissen vorangegangener Wettbewerbe gekennzeichnet, um ihre Entwicklung zu verfolgen. Maler bannen die fantastischen teils kräftigen, teils zarten Farben der Lilien auf ihre Leinwand. In den Augen des Spaziergängers verschmilzt die Sinfonie der Farben zu einem impressionistischen Meisterwerk.

In der Via Suor Maria Celeste, einer Straße, die nach Galileos im Kloster aufgewachsener Tochter benannt wurde, empfängt eine friedvolle, in harmonischen Farben gestaltete Villa Ruhe suchende Gäste

Vom ursprünglichen Renaissance-Gebäude blieb nicht viel erhalten, doch Restaurierungen und Umbauten haben dem Charme der Villa nichts anhaben können. Livia erbte das Haus, richtete es mit ihrem Ehemann Lorenzo als Hotel her und empfängt heute Urlauber, die die Atmosphäre einer klassisch-eleganten Villa genießen möchten. Die Villa Poggio San Felice liegt inmitten eines herrlichen Gartens aus dem 19. Jahrhundert. Über den zauberhaften Hügel Pian dei Giullari blickt man auf Florenz.

Möglichst natürlich sollen die steinernen Skulpturen am Rand der Rasenflächen oder mitten im Grünen wirken. Sie erinnern an eine Zeit, in der die Architektur nach Vollkommenheit und Harmonie strebte.

Stumm blicken die rätselhaften Fischermädchen und anmutigen Nymphen von ihren Sockeln auf die Spaziergänger herab. Filippo Juvarra, ein berühmter Architekt des 17. Jahrhunderts, entwarf den herrlichen Garten der Villa Mansi, die zu den schönsten und elegantesten der Provinz Lucca gehört. Vielleicht erstarrten die Figuren einst zu Stein, als Lucida Mansi sich, wie die Legende berichtet, im großen Teich spiegelte und einen Pakt mit dem Teufel schloss, der ihr unvergängliche Schönheit sichern sollte. Inmitten des üppigen Grüns scheinen die Skulpturen darauf zu warten, dass der Garten aus seinem Schlaf erwacht und sich mit den eleganten Müßiggängern lange zurückliegender Zeiten füllt.

Mythologische und allegorische Figuren zieren die Nischen der zum Garten weisenden Fassade. Unter dem Einfluss der Witterung wurden sie porös wie bröckelige Salzklumpen und haben eine schmutzig weiße Farbe angenommen.

Hinter einem prächtigen Zaun taucht am Ende einer langen, von Zypressen gesäumten Auffahrt die Fassade der Villa Torrigiani in Camigliano auf. Der hellgelbe Tuff wird an den Ecken von grauem Stein eingefasst und bringt die weißen Marmorstatuen in den Nischen besonders gut zur Geltung. Das Wasser der Bassins im Garten, den wahrscheinlich Le Nôtre, der Architekt Ludwigs XIV., im 17. Jahrhundert entwarf, spiegelt sich in den zahlreichen Fenstern. Über eine Treppe gelangt man in den verborgenen »Garten der Flora«. Hier wechseln Blumen- und Kräuterbeete mit Wasserspielen und grotesken Figuren, die durch eine unwirkliche Märchenlandschaft zu einer mit farbigen Steinen verkleideten Grotte führen.

In der dachlosen Kapelle hat sich für einige Zeit eine Bildhauerschule niedergelassen. Dahinter liegt der älteste von Michelangelo genutzte Steinbruch, der vom Monte Altissimo überragt wird.

Michelangelo verbrachte drei Jahre in Seravezza, einem kleinen Ort am Fuß der Alpe Apuane. Vom Monte Altissimo stammt der fein geäderte, durchscheinende Marmor, aus dem der Meister seine berühmtesten Werke schuf. Die Kapelle steht auf halber Strecke zwischen Seravezza und dem Altissimo und bietet ein herrliches Panorama auch auf einen von Michelangelo genutzten Steinbruch. Aus der Kapelle mit dem offenen Dach dringt ein stetiges Klopfen und Hämmern: Hier spürt eine Bildhauerschule den Fertigkeiten und der Inspiration des genialen Künstlers nach.

PAIX
RÉPVBLIQUE FRANÇAISE
GROUPE XII. — CLASSE 72.

Liebevoll kümmert sich Galileo Chinis Nichte Paola um das Haus und das Atelier des Künstlers in Lido di Camaiore, die heute Besuchern offen stehen. Die Zeichnungen, Gemälde, Keramiken, Fotografien und Dokumente halten die Erinnerung an den Vertreter des Jugendstils wach. Durch die frischen Blumen wirken die Räume, als wären sie noch bewohnt.

An der Wende zum 20. Jahrhundert hielt der bereits in ganz Europa verbreitete Jugendstil in der Toskana Einzug. Galileo Chini gehört zweifellos zu seinen prominentesten italienischen Vertretern. Der vielseitige Künstler schuf Keramiken, Wandmalereien, Kulissen für berühmte Opern, herrliche Glasfenster und Gemälde. Seine Werke finden sich in jeder Stadt der Toskana, besonders aber in Viareggio, wo gleich mehrere Bauwerke und ein Atelier an Chini erinnern.

Das Fahrrad lädt zu einer Tour zwischen grünen Pinien und dunkelblauem Meer ein; Calamari und Spaghetti verwöhnen Gaumen und Magen.

Lassen Sie Ihr Auto stehen und radeln Sie im Schatten der Pinien nach Forte dei Marmi. Lorenzos Spaghetti mit Calamares gehören mit Sicherheit zu den unvergesslichen kulinarischen Erlebnissen, denn hier wird Kochen zur wahren Kunst. Lorenzo Viani ist der Neffe des gleichnamigen Malers und Schriftstellers, doch sein Genie entfaltet sich in der Küche, wo sich Geschmack, Raffinesse und guter Service perfekt verbinden. Zweimal pro Tag wählt Lorenzo persönlich fangfrischen Fisch aus, den er mit köstlichen Zutaten aus dem Meer und vom heimischen Markt kombiniert. Qualität, Frische und eine hervorragende Auswahl italienischer und internationaler Weine sind die Markenzeichen des Meisterkochs, der zu den prominenten Vertretern seines Fachs gehört.

An der südlichen Küste der Toskana, besonders in jenem Teil, der den Inseln gegenüber liegt, pflegt man im Sommer einen ganz eigenen Lebensstil. Man gibt sich zugleich ländlich und maritim, elegant und anspruchsvoll und legt großen Wert auf Abgeschiedenheit und Diskretion. Dies steht in deutlichem Kontrast zum Trubel, der zwischen Juni und September an der Versilischen Riviera und der Apuanischen Küste herrscht. Seinen Höhepunkt erreicht der Sommer um das Johannisfest, an dem überall zu Ehren Johannes' des Täufers, der auch Schutzpatron von Florenz ist, Feuer entzündet werden. Noch darf man sich auf drei warme, helle Monate freuen, in denen die Wiesen sich langsam gelb färben, die Hitze die Pflanzen austrocknet, das Obst reift und der Sand an den Stränden die Füße wärmt. Über einige Regionen erstrecken sich endlose Sonnenblumenfelder, Symbole des allgegenwärtigen Sommers. Auf den kleineren Inseln des Toskanischen Archipels präsentiert sich die Natur rauer: Der Geruch von Salz liegt in der Luft, die knorrigen, an Seewind und mildere Temperaturen gewöhnten Bäume heben sich vom Blau des Meeres ab. Wer hierher kommt, sucht Einsamkeit, Intimität und Ruhe.

Doch zum Sommer in der Toskana gehört auch ein furioses, farbenprächtiges Spektakel besonderer Art, der Palio von Siena. Nur wenige Minuten dauert das berühmte Pferderennen, auf das die ganze Stadt sich ein Jahr lang vorbereitet. Waghalsige Jockeys reiten die Pferde ohne Sattel; bei dem halsbrecherischen Rennen rund um die Piazza steigt die Spannung ins Unerträgliche. Alljährlich am 2. Juli und 16. August bildet das Ereignis den krönenden Abschluss der dreitägigen Feierlichkeiten mit Märschen, Fahnenzauber und Trommelmusik. Die monatelangen Vorbereitungen, das Warten und Hoffen entladen sich in wenigen Augenblicken, in denen die Pferde in höchster Geschwindigkeit drei gefährliche Runden um die Piazza del Campo rasen. Wer den Palio besucht, fiebert unweigerlich mit den Sienesern. Historische Städte der Toskana wie Pitigliano, Sovana und Sorano, die in der Tuffsteinregion liegen, enthüllen eine Vielzahl verborgener Kleinodien und atmen noch den Charme längst vergangener Zeiten. Das alte etruskische Land mit seinen hellen, klaren Farben erinnert beinahe an Latium. Natur und Kultur bieten ungeahnte Entdeckungsmöglichkeiten und die Küche mit ihren zahlreichen Geschmacksnuancen ist so facettenreich wie die Region selbst.

Sommer…

Juni: Düfte, Farben und Speisen der Insel Giglio

Gleich wird das Boot am Anlegesteg des Luxushotels Pardini vor Anker gehen, das man nur auf dem Wasserweg erreicht. Die schlichten Blumen auf der Fensterbank dieses Inselhauses vertragen sich sogar mit Sukkulenten gut.

Einer Legende zufolge riss die Kette der Venus entzwei und sieben Perlen fielen ins Meer. Sie verwandelten sich in Inseln und bildeten die Sieben Schwestern – »le Sette Sorelle« – des Toskanischen Archipels. Wie Edelsteine waren sie begehrt und umkämpft. Ihre Geschichte begann vor drei Jahrtausenden, als die Griechen hier auf reiche Bodenschätze stießen. Später fielen die Inseln zunächst an die Etrusker, dann an die Römer, die prächtige Villen errichteten. Genueser, Pisaner, Türken, Sarazenen, Spanier und Engländer herrschten für kurze Zeit, Staaten, Adlige und Päpste erwarben und verkauften die Eilande, die erst spät der Toskana zugeschlagen wurden. Hier soll die Insel Giglio vorgestellt werden, weil sie am meisten Charme versprüht und jenen, die Ruhe suchen, die besten Möglichkeiten bietet. Hier kann man sich zurückziehen, am Meer entlang oder durch enge, hübsche Gassen spazieren und auf der kleinen Piazza del Castello eine Pause einlegen.

ISOLA DEL

Der Leuchtturm hat die gleiche ziegelrote Farbe wie viele alte Bahnhofsgebäude. Er sorgt dafür, dass die Schiffe, die für eine Verbindung zwischen Inseln und Festland sorgen, nicht vom Kurs abkommen.

Ein einsamer Fischer steht in der Nähe des Faro di Capel Rosso an der äußersten Südspitze der Insel. Es ist der Leuchtturmwärter, der hier mit seiner Frau lebt. Für Abwechslung sorgen eine Angelrute, die Vögel im Wind und das Rauschen der Wellen; eine Ziege, ein Esel und die kreischenden Möwen sind seine Freunde. Auf dem Bild auf der rechten Seite sitzt ein Inselbewohner auf der Straße und flicht ein Tablett aus Weidenruten. Hinter seiner Brille entdeckt man jenen in die Ferne schweifenden Blick, dem man in Giglio Castello häufig begegnet. Zwei einsame Männer und zwei traditionelle Handwerke.

Durch ihre sternförmige Anordnung sind diese schlichten Vorspeisen auch für das Auge ein Genuss. Die ebenfalls als Stern dekorierten Muscheln ruhen in einer kleinen rustikalen Teigmuschel.

Der Weg ins Städtchen Giglio Castello lohnt sich, denn im Labyrinth der Gässchen und Treppen liegt das Restaurant Maria. Die Inselbewohner waren stets mehr Bauern als Fischer und so ist auch die Küche eher ländlich als maritim geprägt. Ein altes Sprichwort lautet: »Die besten Calamares findet man in der Nähe des Ufers, noch besser aber schmecken die Pilze von den Hügeln ...«. Die Ravioloni in der üppigen Soße wirken wie Ritter, die den Kampf gegen Sepien und Calamares gewonnen haben. Romantischen Silbersternen gleichen dagegen die glitzernden Sardinen.

Auf dem runden Tisch verbringen diese vier Terrakottafiguren ihre Zeit beim Kartenspiel. Die Gesten und Gesichtszüge sind die der Einheimischen.

Bergarbeiter, Bauern, Matrosen oder, wie die Insulaner in ihrer an den Dialekt von Livorno erinnernden Sprache sagen: »Adervolk, Landvolk, Meervolk.« Hier sitzen sie beim Kartenspiel, genau wie Giovanni sie im wahren Leben beobachtet hat. Aus Ton formt er Szenen, Alltagsgegenstände und typische Ansichten der Insel. Im farbenfrohen Amphitheater von Giglio Porto ist zu Sommerbeginn noch nicht viel los. Nur wenige Besucher finden sich ein und die Einheimischen haben noch Zeit, den anlegenden Segelbooten oder der Fähre zuzuschauen.

ALIMENTARI
OTECA
nt. ~ via Fiume.2
NAZ. MARINAI D'ITALIA
Vini
della Costa
d'Argento
MONINI

Treibgut, Muscheln, Seesterne, alles zu guten Preisen. Die Wäsche am geöffneten Fenster zeugt vom einfachen Lebensstil, der stets direkt mit dem Meer verbunden ist.

Der Sommer steht vor der Tür, doch auf Giglio gehen die Leute ihren alltäglichen Geschäften nach. Die Kinder imitieren die Großen und haben an der Straße einen Kaufmannsladen eröffnet. Kundig studieren sie die Waren, nur der Kleinste darf noch nicht mitspielen und steht mit trauriger Miene am Rand. Wie eine Vorübung wirkt das Ganze, denn schon bald füllen die Touristen die Insel mit Leben und bestimmen hier für einige Monate das Geschehen. Dann verwandelt sich der Hafen mit seinen pastellfarbenen Häusern in einen Freiluftsalon und jene Scharen von Menschen fallen ein, gegen die selbst die Invasion Barbarossas einem Sonntagsausflug glich.

Die Form der Limonenschalen gleicht sich jener der frittierten Fische an; die Pasta ringelt sich dagegen ganz nach Lust und Laune.

Die Geschichte des Restaurants Veliero in Porto Santo Stefano ist die einer vielköpfigen Familie. Divas zahlreiche Kinder haben ihre Leidenschaft fürs Kochen geerbt: Vincenzo und Enza stehen in der Küche, die übrigen bedienen in der Gaststube. Vater Antonino ist seinem Beruf treu geblieben und so kommt jeden Tag frischer Fisch direkt von seinem Boot in die Pfanne. Die knusprig frittierten Fische sehen aus, als seien sie vom Schiff direkt auf den Teller gesprungen. Der große Granchio Margherita lädt uns mit seiner dicken Schere ein, die köstlichen Fettucine mit seinem Fleisch zu kosten.

Juli: Leidenschaftlicher Palio und friedliches Umland

Die Glocke der Torre del Mangia ruft Einheimische und Touristen zum Palio. Ein Bogen markiert den Übergang zwischen der Piazza del Duomo und dem Stadtzentrum.

Es war einmal ein Glöckner namens Giovanni di Duccio, doch weil ihm das Geld zwischen den Fingern zerrann, erhielt er den Spitznamen »Mangiaguadagni« (Verdienstfresser). Die Torre del Mangia erbte diesen Namen. Heute läutet die Glocke automatisch hoch oben in dem schlanken Turm, der die schöne Piazza del Campo beherrscht. Über hundert Geschlechtertürme standen einst in Siena, erbaut von wetteifernden Adligen, zerstört von feindlichen Familien und – im 17. Jahrhundert – von spanischen Besatzungstruppen.

Das Herz der Stadt schlägt am Campo, einem der schönsten Plätze der Welt. Die Seneser lieben ihr muschelförmiges Freiluftwohnzimmer, das Amphitheater ihrer Spiele und Leidenschaften, jenen neutralen Fleck zwischen den Contraden, der allen und keinem gehört und auf dem Feste und Wettkämpfe einander abwechseln. Zweimal pro Jahr, beim Palio, füllen fiebernde Menschenmassen den Platz. Dann mischt sich der Glockenschlag mit dem Gesang der Herausforderer, dem Klappern der Hufe und dem Krach der Böllerschüsse.

Geschickt schwenken die Fahnenträger ihre Standarten, während Trommler für die musikalische Untermalung sorgen. Am Vorabend des Palio schmücken die gelb-rot-blauen Fahnen der Schnecken-Contrada das gesamte Viertel. Das Festessen kann beginnen.

In Siena spielt der Palio das ganze Jahr über eine wichtige Rolle. Heute jedoch, am Vorabend des großen Ereignisses, verwandelt sich die Stadt in ein Meer von Farben, Gesängen und Geräuschen. Spannung, Emotionen und Kampfgeist sind überall zu spüren. Noch einmal proben die Teilnehmer des historischen Umzugs und in jeder Contrada stehen lange Tische für das traditionelle Festessen. Jeder Stadtbezirk hat seine Farben und sein Emblem. Bald wird bis tief in die Nacht hinein getafelt, diskutiert und um den Sieg gebangt.

RISTORANTE AL MANGIA

BAR IL PALIO

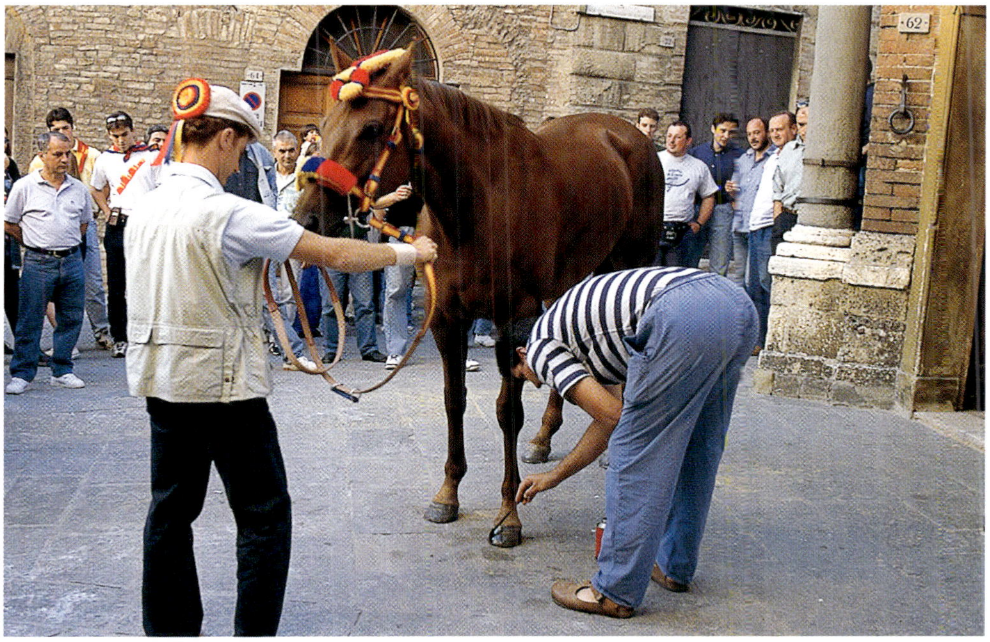

Mit speziellem Fett schmieren die Reiter die Hufe ihres Rennpferdes ein. Von den Fenstern der alten Adelspaläste aus verfolgen prominente Persönlichkeiten, darunter Staatsmänner und Filmstars, das Geschehen auf dem Platz.

In kleinen Gruppen stehen die Reiter rund um das liebevoll gehätschelte Pferd. »Barberesco« nennt man den Stallmeister, der sich um das Tier, den »Barbero«, kümmert und nun letzte Hand anlegt. Das Los bestimmt, welche Contrada welches Pferd zugesprochen bekommt. Am Morgen vor dem Rennen werden dann Pferd und Reiter in der Kapelle gesegnet. Die Balkone, die auf die prächtige Piazza del Campo (vorhergehende Doppelseite) hinausgehen, sind begehrte Logenplätze. An den Fenstern drängen sich die Menschen und wenn der Startschuss ertönt, beginnt jenes brutale und zugleich faszinierende Spektakel, dem ganz Siena entgegenfiebert, um Minuten später in einen Freudentaumel zu verfallen.

Die Kartause von Maggiano hat trotz des Umbaus in ein Hotel nichts von ihrem Charme eingebüßt. Die Bogengänge erinnern an die Zeit, als hier betende Mönche schweigend wandelten.

Einst wandelten in den Bogengängen die Mönche im stummen Gebet, heute verschwinden flinke Kellner hinter den weißen Segeltüchern und roten Geranien, um die Wünsche der am Pool liegenden Gäste zu erfüllen. Wir befinden uns auf dem Hügel, der gleich hinter der Porta Romana, einem der Stadttore Sienas, ansteigt. Hier erhebt sich die Certosa di Maggiano, eine der bedeutendsten mittelalterlichen Kartausen der Toskana. Während des Krieges wurde sie stark beschädigt, dann restauriert und zu einem eleganten Hotel umgebaut. Heute kümmert sich Margherita, eine der Töchter des Besitzers, um das Wohlbefinden der Gäste.

Dessertvariationen, Gemüsefüllungen und Ravioli mit Zucchiniblüten bilden ein weites Betätigungsfeld für Köche. In Maggiano erinnert nichts an die gängige Hotelküche, dafür umso mehr an schlichte und geschmackvolle Hausmannskost.

Hoch oben auf dem Hügel verschanzen sich der Glockenturm der Kirche und der Rathausturm hinter den Häusern. Sie sind Symbole der geistlichen und weltlichen Macht, die in früheren Zeiten über die Menschen herrschten.

Wie die meisten toskanischen Dörfer thront San Casciano dei Bagni auf einem Hügel hoch über goldenen Kornfeldern, die auf die nahe gelegenen Crete Senesi verweisen. Der friedvolle, etwas spröde Thermalbadeort, einer von vielen in der Toskana, liegt fernab der ausgetretenen Touristenpfade. Wir befinden uns in der Balnea Clusina, bei jenen warmen, wohltuenden Quellen, die bereits die antiken römischen Schriftsteller rühmten. Einheimische und einige wenige Urlauber sitzen auf dem ruhigen Platz im Herzen des Ortes, auf dem die Zeit still zu stehen scheint. In der Bar Centrale kann man nicht nur Kaffee trinken, sondern auch die schlichte, aber ausgezeichnete regionale Küche von Alfredo genießen.

Die Trüffeln auf grünen Gnocchi passen keineswegs zufällig farblich perfekt zu dem Stein, auf dem der Teller platziert ist.

Crostini – geröstetes Bauernbrot mit köstlichen Aufstrichen – und kleine grüne Gnocchi, die nach schwarzen Trüffeln schmecken. Wir befinden uns am äußersten Rand der Provinz Siena (siehe auch folgende Doppelseite), wo wir eine weitere der zahlreichen kulinarischen und landschaftlichen Facetten der Toskana kennen lernen. Deutlich ist hier der Einfluss Umbriens und Latiums spürbar, wo schwarze Trüffeln häufig zu finden sind und zu vielen Alltagsgerichten gehören. Der etwas derbere Geschmack der Speisen passt zu den Bewohnern dieses Landstrichs. Mensch und Natur leben hier in Harmonie miteinander – Grund genug, die Region etwas genauer zu erkunden.

In San Galgano harmoniert die Architektur perfekt mit den beiden vorherrschenden Farben der Umgebung, dem Grün der Wiesen und dem Blau des Himmels, dem die gotischen Bögen entgegenstreben.

Der Erzengel Michael soll das Pferd des Edelmanns Galgano Guidotti an den Rand eines Abgrunds gezerrt haben, wo der Söldnerführer dem Krieg abschwor und sein Schwert in einen Felsen trieb. Fortan lebte Galgano als Eremit und starb mit 33 Jahren vor dem kreuzförmigen Schwertknauf. Am Ort des Geschehens entstand auf einem Hügel eine kleine rot-weiße Kapelle aus Ziegel- und Steinschichten. Ihr zu Füßen liegt die zu Ehren Galganos erbaute Abtei, in der zwar keine Mönche mehr leben, von der aber noch immer eine Faszination ausgeht.

August: Unberührte Natur im geheimnisvollen Land der Etrusker

In Cala di Forno grenzt das Meer direkt an die grüne Macchia-Vegetation des Naturparks, die sich bis zu den Klippen hinunterzieht und mit dem Blau des Meeres zu verschmelzen scheint.

Ein Zaun, wenige Meter noch, und schon umringen Wildschweine das Auto, während sich einige scheuere Hirsche rasch in einem Gebüsch in Sicherheit bringen. Die Straße steigt stetig an. Zu beiden Seiten erstreckt sich mediterrane Macchia mit Wacholder, Ginster, Rosmarin und Pinien-, Oliven- und Steineichenhainen. Oben angekommen, wandelt sich das Bild: Man blickt bis zum Horizont auf ein Meer von Grün und Blau. Hinter Feldern mit blühenden Blumen erhebt sich vor dem herrlichen Strand von Cala di Forno ein altes Bauernhaus. Im Parco dell'Uccellina stehen sonst lediglich alte Türme, die einst zum Schutz vor Piraten und Invasoren errichtet wurden. Am interessantesten ist vermutlich die Geschichte der Torre della Bella Marsilia: Auf einer Kaperfahrt metzelte der türkische Freibeuter Barbarossa die Familie Marsili nieder, raubte die wunderhübsche Margherita und verkaufte sie an Süleyman den Prächtigen. Sie stieg zur Favoritin des Sultans auf und rächte sich, indem sie den rechtmäßigen Erben ermordete und ihren eigenen Sohn zum Thronfolger machte.

Inmitten des Kulturlandes sprießt die von den Schwefelkaskaden gelblich gefärbte Macchia-Vegetation. Im Kontrast zum üppigen Grün steht auch der weiße Kalkstein rund um das Thermalbad.

Fährt man von der Küste ins Landesinnere, zeigt sich die Maremma von ihrer unbekannteren Seite. Die mittelalterlichen Dörfer (siehe auch vorhergehende Doppelseite) stehen noch ganz im Zeichen des geheimnisvollen Volkes der Etrusker. Unvermittelt tauchen sie wie mächtige Tuffsteinskulpturen in der grünen Landschaft auf. Höhlen, Bastionen und Gräber verleihen der Tuffsteinlandschaft Struktur, während das Wasser die Ebenen und Täler geformt hat. In Saturnia hat sich das herabrauschende schwefelhaltige Wasser in den Kalkstein gegraben. Seit Urzeiten kommen Menschen hierher, um in dem warmen Wasser zu baden.

In diesem streng wirkenden, abgelegenen Teil der Toskana erinnert noch viel an die bewegte Vergangenheit mit wechselnden, zum Teil rivalisierenden Machthabern.

Von alten Mauern umgeben, klammert sich Sorano an den Tuffsteinfelsen. Die Geschlechtertürme, mittelalterlichen Gassen und kühlen Keller ziehen sich bis zur Burg hinauf, von der es bereits in einer Chronik des 16. Jahrhunderts heißt, sie hinge »wie ein Falke über der Stadt«. Orsini, Medici und Lorena herrschten hier und noch heute erinnert das Labyrinth der Straßen, Adelshäuser, bossierten Portale, Bogengänge und neoklassizistischen Loggien an den Glanz vergangener Zeiten. Eine lange Treppe führt am Felsen empor und lädt ein, den friedvollen Ort zu erkunden.

An einer der Tuffsteinstraßen arbeitet ein Töpfer vor der geöffneten Tür. Die Tongefäße warten darauf, gebrannt zu werden.

Ein enges Tal verbindet Sorano mit Pitigliano. Hoch in den Felswänden befinden sich zahlreiche Höhlen und Nischen. Am Straßenrand sitzt vor dem dunklen Eingang einer solchen Grotte ein Mann und bearbeitet Ton. Er gleicht eher einem Bauern als einem Künstler und wirkt dabei so zeitlos, dass er aus einer anderen Epoche stammen könnte. Jahrtausende sind vergangen, seit die ersten Menschen die Höhlen als Wohnungen und Arbeitsstätten nutzten, doch die Zeit hat ihnen nichts anhaben können. Über den Utensilien der Vergangenheit liegt eine dicke Staubschicht und das Geschirr in der Ofennische sieht aus, als sollte es im Grab eines alten Etruskers als Beigabe dienen.

Diese Statue der Schmerzensmutter ist ein modernes Kunstwerk, wird aber von den Gläubigen hochverehrt. Das Fresko mit der von zwei Heiligen umgebenen Muttergottes auf dem Thron ist dagegen ein typisches Beispiel traditioneller Sakralkunst.

Montemerano erhebt sich auf einem Hügel inmitten uralter Olivenbäume. Die dunkle Farbe des Tuffsteins ist dem weicheren Grün der sanften Hügellandschaft gewichen. In der kleinen mittelalterlichen Kirche San Giorgio kann man eine Verkündigungsszene der Sassetta-Schule bewundern. Sie trägt den seltsamen Namen »Madonna della Gattaiola« (Katzenpfortenmadonna), weil sie auf die ehemalige Tür zum Kornspeicher gemalt wurde, in die ein Pfarrer eine Katzenklappe gesägt hatte.

A·D·M·CCCCC·VIII·DI·XX·
S· lucia
fare giovanni de ualentino

Früher betrieb Carisio in Montemerano eine Osteria mit Schankwirtschaft; seine Frau Angela stand in der Küche. Die Einheimischen nannten Carisio jedoch »Caino« und diesen Namen trägt heute auch sein kleines elegantes Restaurant. Carisios Sohn Maurizio führt es gemeinsam mit seiner Frau Valeria, die zuvor jahrelang mit ihrer Schwiegermutter gekocht und deren geheimste Rezepte kennen gelernt hatte. Valeria ist ein Mitglied der Gruppe der »Jeunes Restaurateurs d'Europe« und in ihren Gerichten verbinden sich Geschmack, Tradition und Kreativität auf so geniale Weise, dass sogar gewöhnliche toskanische Crostini und schlichtes Gemüse in Öl ungewöhnlich schmecken. Die Zutaten richten sich nach den Jahreszeiten, doch die typischen Spezialitäten der Region werden durch neue und raffinierte Geschmacksnoten ergänzt.

In der Gaststube werden Teller in traditionellem Weiß mit kulinarischen Köstlichkeiten serviert: Mehlklöße mit Butter, Salbei und Parmesan. Crostini und in Öl eingelegtes Gemüse nach Art des Hauses.

Bei Laudomia beginnt das Menü mit Ricotta-Spinat-Ravioli und einem leichten Rucolasalat mit Parmesan. Die schlichte Zubereitung trägt dem Eigengeschmack der Speisen Rechnung. Der Weißwein von den Hügeln um Grosseto gehört zu den bekanntesten der Toskana und wird gut gekühlt serviert.

Der Herbst in der Toskana ist etwas kühler, ansonsten aber fast genauso schön wie der Sommer. In vielen Dörfern finden Feste statt, die auf alte Traditionen zurückgehen und die vor Ort hergestellten Produkte in den Mittelpunkt stellen. Kastanien, Nüsse, Pecorino, Pilze, Trüffeln und natürlich ganz besonders die Weintrauben bieten zur Zeit der Lese einen willkommenen Anlass zum Feiern. Noch finden im Freien Antiquitätenmärkte statt. Die Händler breiten ihre schönsten Stücke auf großen öffentlichen Plätzen aus und nutzen gern Stufen und leichte Steigungen, damit man ihre Ware mühelos in Augenschein nehmen kann. Trotz der riesigen Auswahl verliebt man sich häufig auf den ersten Blick in ein ausgefallenes Stück, das mit etwas Geschick zu einem durchaus erschwinglichen Preis zu erstehen ist. Ebenfalls im Herbst veranstalten einige Gemeinden Pferderennen, zum Beispiel in der Maremma oder im Chianti, aber auch in der weniger bekannten Gegend im Nordosten von Arezzo. Von hier stammte der Maler Piero della Francesca, der seine Heimat zur Kulisse vieler seiner Bilder machte. Die Hügellandschaft wird von weiten, ebenen Flächen durchzogen, auf denen dichte Macchia und Kulturland einander abwechseln. In diesem Teil der Toskana stößt man auf eine Vielzahl alter Gebäude und Ortschaften, die sich im Laufe der Zeit kaum verändert haben. In Anghiari, Sansepolcro und vielen anderen Gemeinden verläuft das Leben noch in den gewohnten Bahnen. Während in größeren Städten Traditionen allmählich verloren gehen, pflegen die Menschen hier ihre überkommenen Gewohnheiten und Meinungen. In der Region des Chianti ist, zumindest in der Landwirtschaft, noch vieles beim Alten geblieben, wenngleich neue Anbaumethoden hinzukommen und immer größere Waldflächen den Olivenbäumen und Weinhügeln weichen müssen. Die Zypressen wurden weit weniger zufällig gepflanzt. Man bemüht sich, ein natürliches Gleichgewicht zwischen Landwirtschaft und landschaftlicher Schönheit zu bewahren. Besonders deutlich wird dies im Herbst während der Weinlese und Olivenernte. Auch die Gastronomie weiß die für jede Jahreszeit typischen Produkte optimal zu nutzen, weshalb im Herbst Wild, Pilze und Trüffeln auf vielen Speisekarten stehen. Die leuchtenden gelben und roten Farben der Natur wirken wie ein letztes Aufbegehren, ehe der triste, kühle Winter mit seinen kurzen Tagen Einzug hält.

Herbst...

September: Eine Gelegenheit für Antiquitätensammler

Dächer und Fenster reihen sich in dem alten Viertel aneinander, das sich bis zum Fuß des bewaldeten Hügels zieht. Wind und Wetter haben die steinernen Gesichter auf den Kapitellen verwittern lassen.

Die Etrusker erbauten Cortona an den Hängen des Monte Sant'Egidio. Noch heute schließen sich dicke Mauern um die Stadt mit der langen Geschichte, die ihr Beinamen wie Königin Etruriens, Großmutter Roms, Mutter Trojas oder mythisches Corito eintrug. Prächtige Gebäude erinnern an die glanzvollen Ursprünge, die in direkter Verbindung mit den geheimnisvollen Etruskern standen. Schmale Gässchen durchziehen das historische Zentrum, in dem auf vielen Mauern Wappen auf die glorreiche Vergangenheit verweisen. In Cortona wurden Dichter, Maler und Bildhauer geboren, die dem reichen Kulturerbe der Toskana weitere Schätze hinzufügten. Zwischen August und September zieht es viele Einheimische und Reisende zur berühmten Antiquitätenmesse hierher. Während das Städtchen sonst im Dornröschenschlaf schlummert, strömen nun Menschenmassen durch die Straßen und auf die Plätze, die sich in eine riesige Ladenfläche verwandeln.

2
TRIBUNALE
DI AREZZO
SEZIONE PENALE

Vor den mit Antiquitäten aller Art gefüllten Stufen warten jugendliche Verkäufer auf die ersten Kunden. Der venezianische Harlekin scheint sich selbst zum Verkauf anzupreisen.

Am ersten Wochenende jedes Monats findet in Arezzo ein großer Antiquitätenmarkt statt. Die Piazza Grande, ein natürliches Theater mit wunderschönen Palazzi, Laubengängen und der majestätischen Pfarrkirche Santa Maria, bietet hierfür die perfekte Kulisse. Unzählige Ladentische säumen die Straßen, die sich durch das sonst eher nüchtern wirkende Stadtzentrum ziehen. Auf der Suche nach wertvollen Stücken mischen sich Sammler und Händler unter die Masse der neugierigen Laien, die sich zumeist mit einem kleinen Erinnerungsstück begnügen (siehe auch vorhergehende Doppelseite).

Die Muster auf den Feldern wirken wie Beschwörungsformeln. In der Erde entdeckte man die heute in Farneta ausgestellten Knochen prähistorischer Tiere. Das große Bein ist genauso zerfurcht wie der Boden, in dem es die Zeiten überdauerte.

Am Fuß von Cortona arbeitet unermüdlich ein Priester. Don Sante Felici hat die romanischen Überreste der Abtei Farneta freigelegt und in seinem kleinen Pfarrhaus ein Museum eingerichtet. Linda, die über vier Meter hohe Elefantendame, die er ausgegraben und in Kleinstarbeit zusammengefügt hat, steht mittlerweile im Paläontologischen Museum in Florenz. Die Tür des Pfarrhauses steht meistens offen und zwei wache Augen folgen dem Besucher. Manchmal wirft der Priester auch nur die Schlüssel herunter und ruft: »Der Lichtschalter ist auf der rechten Seite«, ehe er anschließend persönlich seinen Gästen Knochen, Urnen und die sterblichen Überreste eines alten Römers präsentiert.

Hübsch gestaltet präsentiert sich dieser Teller mit Peperoni, gegrillten Tomaten und gefülltem Hühnerhals, einer selten gewordenen toskanischen Spezialität. Links eine mit Gemüsesoße verfeinerte Zucchiniblüte mit Tulpendekor aus Tomatensoße.

Die Chiusa di Montefollonico war zunächst ein Familiengut, ehe sie zu einem kleinen Hotel mit großem Restaurant umgebaut wurde. Dania und Umberto Lucherini haben kleine Räume und hübsche Zimmer geschaffen, ohne die alten Strukturen zu zerstören. Dania, eigentlich von Beruf Notarin, begann, mit frischem Gemüse aus dem Garten kreative und wohlschmeckende Gerichte zu zaubern. Mit sicherer Eleganz bewegt sich die bildhübsche Köchin zwischen Töpfen und Pfannen und denkt sich neue Menüs aus, die dem Rhythmus der Jahreszeiten folgen. Ihr Ehemann Umberto, eine nicht minder eindrucksvolle Erscheinung, empfängt unterdessen mit freundlicher Professionalität die Gäste.

Die berühmten »pici« mit Petersilie – ein in der Region weit verbreitetes Gericht. Die Herbstlandschaft auf der rechten Seite besteht in Wirklichkeit aus süßem Kaffeekuchen mit karamellisierten Zuckerfäden.

Oktober: Trüffeln und Pilze in der Heimat von Piero della Francesca

Frühmorgens präsentiert die Bäckerin strahlend Mandelkekse frisch aus dem Ofen. Das Pferd in Robertas Stall wartet auf Touristen, die mit ihm durch die Heimat Piero della Francescas galoppieren wollen.

Fernab vom hektischen Massentourismus liegt Sansepolcro mitten in der abwechslungsreichen Landschaft des oberen Tibertals. Der Fluss sorgt dafür, dass alles üppig wächst und gedeiht. In der Ferne tauchen mittelalterliche Dörfer auf, dichte Eichen- und Kastanienwälder bedecken die Hügel (siehe folgende Doppelseite). Einer Legende zufolge rasteten der griechische Pilger Arcano und sein Gefährte Egidio auf dem Rückweg vom Heiligen Land unweit der Tiberquelle. Der fruchtbare Boden und das milde Klima gefielen ihnen so gut, dass sie beschlossen, hier eine heilige Stätte für die Reliquien zu errichten, die sie vom Heiligen Grab in Jerusalem mitgebracht hatten. So bauten sie eine Kirche, die sich bald zum bedeutenden Wallfahrtsort entwickelte, und das Städtchen, das rundherum entstand, erhielt den Namen Sansepolcro. Hier wurde der Renaissancemaler Piero della Francesca geboren, hier lebte und starb er.

Eichen und Kastanien verleihen den Trüffeln ihren besonderen Geschmack. Laken und Decken heben sich von der rosa getünchten Hauswand ab. Hinter dem Bogengang beendet ein einsamer Dorfbewohner seinen Morgenspaziergang.

Im Oktober wird das Beste geerntet, was Mutter Natur zu bieten hat. Die Produkte stammen nun nicht mehr aus Treibhäusern oder von intensiv bewirtschafteten Feldern, sondern aus den Wäldern und von den Wiesen auf den Hügeln. In Sant'Angelo, wo die Sprache bereits wesentlich stärker Umbrien als der Toskana verhaftet ist, findet um diese Jahreszeit die Kirmes statt, bei der sich die schmalen, schattigen Gassen in einen riesigen Markt für hausgemachte Köstlichkeiten verwandeln. Alte Bauern mit sonnengebräunten Gesichtern sitzen mit stolzer Miene neben ihren Körben mit Trüffeln und Pilzen, bieten kleine Wildäpfel feil oder verkaufen frisch gepflückte Nüsse, einfache Oliven und leckere Maronen.

Die Erzeugnisse aus der Region werden im Freien verkauft. Pilze, Kastanien, Oliven und Käse passen farblich zur Jahreszeit, in der sie geerntet werden. Auf derbem gelbem Karton hat ein Händler seine Trüffel nach Größe zu unterschiedlichen Preisgruppen geordnet.

TUTTO QUESTO
£ 10.000
TUTTO QUESTO
£ 15.000
TUTTO QUESTO
£ 20.000
TUTTO QUESTO
£ 30.000
TUTTO QUESTO
£ 50.000

Raffiniert oder rustikal – zwei unterschiedliche Geschmacksrichtungen, die einander nichts nehmen.

Etwas außerhalb von Sansepolcro liegt ein kleines Hotel mit gemütlich eingerichteten Zimmern und zwei Sälen voller Familienerbstücke. L' Oroscopo wird von Paola und Marco geführt, zwei jungen Leuten, die bei berühmten Köchen in verschiedenen Ländern ihr Handwerk von Grund auf gelernt und eine Vielzahl von Erfahrungen gesammelt haben. Schlichter Brokkoli und Blumenkohl verwandeln sich unter ihren Händen in einen köstlichen Auflauf. Im Violino bekommt man dagegen Pilze nach Großmutters Art und auch die Pfanne hat schon mehrere Generationen überdauert.

November: Chianti, Brunello und Gutshofküche

Ein mittelalterlicher Wohnturm bildet den Kern des Gutshofs. Er erinnert noch an den Entdecker Giovanni da Verrazzano, der hier seine Kindheit verbrachte.

Wenn wir an die großen Seefahrer denken, die die Meere überquerten, um neue Länder zu entdecken, stellen wir uns meistens vor, wie sie mit ihren Fernrohren den Ozean absuchten. Wesentlich seltener sehen wir sie vor unserem geistigen Auge inmitten von Olivenbäumen, Weinfeldern oder Kastanienwäldern. In einer Burg bei Greve kam im Jahre 1485 Giovanni da Verrazzano zur Welt, der später bis zur Bucht von New York segelte. Die Burg hat sich in einen schönen Gutshof verwandelt, auf dem heute exzellente Weine gekeltert werden. Die alten Kellergewölbe stehen Besuchern offen; die Führungen enden mit einer Weinprobe oder einem Essen mit Produkten aus eigenem Anbau. Rund um das Gut entfaltet die Toskana um diese Jahreszeit ihre ganze Pracht. Wein und Landschaft sind schon lange berühmt. Bereits im 13. Jahrhundert entstand der Chianti-Verbund zum Schutz eines Produktes und einer Region, die zu den Herzstücken der Toskana gehören.

Hinter den Weinfeldern liegt die Abtei Passignano mit sehenswerter Kirche, Kreuzgang, Gärten und einem von Ghirlandaio gestalteten Refektorium.

Die Landschaft beginnt sich herbstlich zu färben und hinter den Weinbergen taucht inmitten von Zypressen einer der Schätze der Region des Chianti auf. Frömmigkeit und Vergebung spielen in der Lebensgeschichte von San Giovanni Gualberto, dem Gründer der Abtei von Passignano, eine wichtige Rolle. Im Jahre 1028 stand der florentinische Edelmann dem Mörder seines Bruders Auge in Auge gegenüber. Statt ihn zu töten, vergab er ihm und wurde selbst Mönch. Nach einem Leben voller Abenteuer und Wunder kehrte er in seine Heimat zurück und fand seine letzte Ruhe bei den Glaubensbrüdern des von ihm gegründeten Benediktinerordens.

An langen Stöcken hängen die Trauben herab. Von weitem wirken sie wie Vorhänge, die an der Decke zum Trocken aufgehängt wurden. Mit Hilfe des Glaskolbens kann man die Temperatur in den Fässern kontrollieren.

Der toskanische Vinsanto gehört zu den typischen Erzeugnissen der Region des Chianti. Die goldenen Trauben werden an langen Stöcken aufgehängt, wo sie fast bis Weihnachten bleiben. Wenn sie getrocknet sind, wandern sie in alte Holzfässer, in denen sie mindestens fünf Jahre lang reifen. Früher lagerte man die Fässer unter dem Dach: Die unterschiedlichen Temperaturen, die dort herrschten, waren Bestandteil der traditionellen Methode. Man wusste aber nie genau, wie der Vinsanto schmecken würde, weshalb man heute mit Destillierkolben arbeitet, über die sich die Temperatur während der langen Lagerzeit exakt kontrollieren und regeln lässt.

312
307
305
302

Der Vinsanto gehört zu den Weinen mit dem aufwendigsten Herstellungsverfahren, denn er besteht aus getrockneten Trauben. Der Balsamessig, der genauso liebevoll wie ein kostbares Parfüm in Flaschen gefüllt wird, reift bis zu 30 Jahre. Zeit spielt keine Rolle, wichtig ist allein die Qualität des Endproduktes.

Giovanni Cappelli, von seinen Freunden Minuccio genannt, zählt zu den Meistern des Vinsanto, dessen Verarbeitungsmethoden vom Vater an den Sohn weitergegeben werden. Zur Kelterei Montagliari in Panzano, einem 300 Jahre alten Familienbetrieb, gehört eine der ältesten Vinsanterien des Chianti, die eher an ein Museum als an eine Kelterei erinnert. Die Fässer, in denen ganze Jahrgänge des Dessertweines ruhen, sind mittlerweile Sammlerstücke. Minuccios zweite Leidenschaft ist die Essigherstellung. In Bottichen wird der Wein zu Balsamessig in immer neuen Geschmacksrichtungen vergoren.

Das Ernten der Oliven kostet Zeit und Mühe. Netze fangen die grün bis violett leuchtenden Früchte auf, damit sie beim Fall nicht beschädigt werden.

Die Weinstöcke verlieren ihr Laub, das sich inzwischen goldgelb gefärbt hat. Jetzt ist die Zeit für die Olivenernte gekommen. Die ehemals grünen Früchte leuchten nun dunkelviolett. Die Bäume schimmern silbern und verleihen der Landschaft einen besonderen Glanz. Eine Leiter, kundige Hände, Geduld und ein Netz, das sich von einem Baum zum nächsten spannt, benötigt man für die Ernte. Zunächst werden die Früchte in der Steinmühle zerkleinert, dann wird die dicke Flüssigkeit mit Wasser aufgetrieben, gefiltert und zu dunklem Öl verarbeitet. Seine durchscheinende Konsistenz erhält es, während es im Keller in Krügen heranreift (siehe folgende Doppelseite).

Eine Aluminiumpfanne über dem offenen Feuer – die Hähnchenflügel im Sostanza sollte man nicht versäumen, denn ihr Geschmack ist einzigartig.

In der alten Schenke von Sostanza hat sich seit ewigen Zeiten nichts mehr verändert. Der Tresen, die weißen Kacheln, die Marmortische und die Küche sehen aus wie eh und je. Vermutlich gibt es in ganz Florenz kein anderes Lokal, in dem die Tradition noch so lebendig ist. Nach Sostanzas Tod führten ihre Mitarbeiter das Geschäft weiter. Auf der Karte stehen nur einige wenige Gerichte. Die Zahl der Töpfe und Pfannen ist beschränkt, die Küche ein Ein-Mann-Unternehmen und das Feuer wird mit einem schlichten Ventilator entfacht.

In der Toskana ist es selbst im Winter relativ mild. In dieser ruhigen, zur inneren Einkehr einladenden Zeit erscheint die Natur lethargisch und gleichförmig. Doch auf der Reise im Rhythmus der Jahreszeiten stellt man rasch fest, dass die toskanische Landschaft auch im Winter unverwechselbar ist. Die schlichte Eleganz der bäuerlichen Architektur sowie die jahrhundertealten Weinfelder und Olivenkulturen fügen sich zu einem faszinierenden Bild. Gerade an den Weinstöcken kann man den Wechsel der Jahreszeiten verfolgen, von den ersten Trieben im Frühjahr über die rot-gelben Herbstblätter bis hin zu den nackten Reben im Winter. Die Olivenbäume lassen dagegen die Hügel, die im Hintergrund vieler Renaissance-Gemälde auftauchen, das ganze Jahr über silbergrau schimmern. Zypressen wachsen fast überall, und da sie sich im Winter kaum verändern, sorgen sie in der toskanischen Landschaft für Kontinuität. Allerdings wechselt das Licht: Im Morgennebel auf dem nunmehr fahleren Boden sehen die Bäume ganz anders aus. Dennoch bilden die dunkelgrünen Zypressen, genau wie die mit Pinien durchsetzte Macchia in der Maremma und die Kastanienwälder an den Ausläufern des Appenin ein konstantes Leitmotiv. Südlich von Siena färben sich die Crete Senesi, die sonst aschgrau und kahl wirken, im Winter erstaunlicherweise grün. In den Städten geht das Leben seinen gewohnten Gang. Kunst und Kommerz spielen jetzt vor allem in den historischen Zentren eine wichtige Rolle. In allen Orten, besonders in Florenz, stehen Ausstellungen, Konzerte, Opern und Lesungen auf dem Programm. Müssten wir jedoch eine Region der Toskana auswählen, die gerade im Winter einzigartige Erfahrungen ermöglicht, so würden wir uns ohne zu zögern für die Küste der Maremma und die Versilische Riviera entscheiden. Hier leuchtet das Licht wie auf den Werken von Macchiaioli und erhellt die dicht bis ans Ufer wachsenden Pinien, die Mauern der Gärten und die unter dem stetigen Südwestwind verwitterten Jugendstilvillen. Das Meer bildet eine dunstige Linie und die Küste beschreibt einen weiten Bogen, hinter dem sich dunkelblau leuchtend die Alpi Apuane erheben. In dieser Atmosphäre, die nur für kurze Zeit im Jahr spürbar wird, kann man die Toskana ganz unverfälscht erleben. Jetzt und hier zeigt sich das Land von seiner unberührtesten Seite und lädt dazu ein, all das kennen zu lernen, was der Region ihren einzigartigen Reiz verleiht.

Winter …

Dezember: Weihnachtseinkäufe im winterlichen Florenz

Der Ponte Vecchio, eines der typischen und unverwechselbaren Wahrzeichen von Florenz, gehört zu den historischen und touristischen Zentren der Stadt. Wie die Galionsfigur eines Schiffes ziert das mittelalterliche Wappen einen florentinischen Palazzo. Am Ende der schmalen Gasse taucht einer der zahlreichen Kirchtürme auf.

In kleinen Gässchen verbergen sich berühmte Handwerksateliers, ein Hotel voller Atmosphäre, typisch florentinische Trattorien und einzigartige Museen. In dieser Jahreszeit kann man in Florenz nicht nur Kunst, Geschichte und Kultur entdecken, sondern auch wunderbar einkaufen. Jetzt ist es endlich möglich, durch die Straßen zu bummeln und die Produkte der seltenen traditionellen Handwerkskünste zu bewundern. Es lohnt sich, nicht nur die bekannten Straßen im historischen Zentrum, sondern auch die schmalen Gassen und Winkel auf der anderen Seite des Arno zu erkunden. Die Fenster eines ruhigen Hotels, in dem antike Möbel für eine gemütliche Atmosphäre sorgen, öffnen sich unterhalb des Loggiato del Brunelleschi auf die wunderschöne Piazza della Santissima Annunziata. Wer von hier oben auf den Platz schaut, hat das Gefühl, durch einen Bilderrahmen in ein lebendiges Gemälde zu blicken, das sich alle Augenblicke verändert (siehe auch folgende Doppelseite).

Die Stadtwappen und Briefkästen an den Mauern florentinischer Gebäude stehen in deutlichem Kontrast zu den eleganten Tritonen und nackten Nereiden, die den umstrittensten Brunnen der Stadt zieren. Der fromme Bartolomeo Ammannati schuf den Brunnen, bereute die zur Schau gestellte Nacktheit jedoch bis zu seinem Tod.

Scharfer Blick, ausgeprägter Geruchssinn und Geschmack: Für die Paprikacreme, die vor allem durch ihre interessante Farbgebung überrascht, benötigen die Köche alle Sinne. Die unterschiedlichen Gelbtöne bereiten auf die Vielfalt der Geschmacksnuancen vor.

Moderne Gastronomie sollte mehr sein als die in vielen Trattorien gängigen Steaks, Nudelgerichte und frittierten Gemüsesorten. Fabio Picchi, selbst Koch von Beruf, hat viele Speisen wieder entdeckt, die von den meisten Karten bereits verschwunden waren. Eine davon, der »Cibreo«, gab dem Restaurant seinen Namen und war bereits zur Zeit der Katharina von Medici ebenso köstlich wie beliebt. Fabio Picchi huldigt der authentischen Regionalküche und bringt klassische Spezialitäten der Gegend verfeinert auf den Tisch, ohne ihren ursprünglichen Eigengeschmack zu gefährden. Er arbeitet mit einfachen und unverfälschten Zutaten, zum Beispiel toskanischem Olivenöl, das seinen vollen Geschmack in Kombination mit einer Suppe, schlichtem Brot oder Gemüse entfaltet.

In dieser Apotheke, die eigentlich eher einer Werkstatt gleicht, fertigen kundige Hände nach uralten Rezepturen Essenzen, Arzneien und Duftwässerchen. Über allem liegt ein Hauch von Kräutern und Aromen.

Sobald man über die Türschwelle getreten ist, wird man umhüllt vom intensiven Duft geheimnisvoller Essenzen und Blumen. Das zarte und zugleich unwiderstehliche Parfüm des Potpourris aus der Farmacia di Santa Maria Novella ist mittlerweile weltberühmt. Wer Florenz besucht, sollte den Weg hierher nicht scheuen: Allein die Räumlichkeiten, in denen die Zeit stillzustehen scheint, sind überaus sehenswert. Hinzu kommt, dass die Essenzen, Arzneien und Seifen noch immer nach alter Tradition hergestellt und von Hand verpackt werden. Die uralten Rezepturen stammen von Mönchen, die im Kloster neben der Kirche lebten; sie wurden sorgsam bewahrt und von Generation zu Generation weitergegeben.

Die Vase und das alte Glas sind auf dem Tisch zu Schmuckstücken geworden. Die stilvoll angeordneten Quasten und die schlichten Spulen wirken genauso kunstvoll wie der duftende Tanz der Kaffeebohnen in der Mühle.

Der Kaffee von Piansa wird noch nach alter Art geröstet. Das Schaufenster eines der vielen Antiquitätengeschäfte auf der anderen Seite des Arno gleicht einer Kunsthandwerksausstellung. In Florenz gehörten Kunst und Handwerk stets zusammen und Brandimarte war in beiden Bereichen zu Hause. Alte Kunstwerke interpretierte er auf geniale Weise neu und verlieh Alltagsgegenständen kreativ eine neue Bedeutung. Zwar weilt er nicht mehr unter den Lebenden, doch sein Laden existiert noch immer.

Auf sieben alten Webstühlen werden aus hauchdünnen Fäden nach alter Art kostbare Seidenstoffe mit Renaissancemustern hergestellt. Hauchzart sind auch die wunderschönen Glasgefäße, Kolben und Vasen.

Wie ein im Grünen verstecktes Privathaus wirkt das Atelier, in dem die alte florentinische Kunst der Seidenweberei dank der Familie von Emilio Pucci weiterlebt. Hier stellen die Weber erlesene, hauchdünne Seidenstoffe in einzigartigen matt schimmernden Farbnuancen her. Ebenfalls ein wenig versteckt liegt Paola Locchis Moleria. Alles begann damit, dass sie Freunde über den Verlust kaputter Teile antiken Tafelgeschirrs, zerbrochener Gläser und Flaschen hinwegtrösten wollte. Heute stellt die Künstlerin selbst Glas her und restauriert Glas- und Kristallobjekte, ganz gleich, ob es sich um wertvolle Kunstwerke oder lieb gewonnene Alltagsgegenstände handelt.

Die kleine Engelsskulptur mit ausgebreiteten Flügeln und Armen sieht aus, als wolle sie Eindringlingen den Weg zu den Gräbern des Cimitero delle Porte Sante neben der herrlichen Kirche San Miniato verwehren. Das Spiel des Lichts im Kirchenschiff ist aber geradezu eine Einladung, dennoch einzutreten.

San Miniato al Monte gehört zweifellos zu den schönsten Kirchen in Florenz. Ihr Name bezieht sich auf den armenischen König Minias, der sich zum Christentum bekehrte und als Märtyrer starb. Der Legende zufolge übergoss man ihn mit flüssigem Blei und kochendem Pech und warf ihn den Löwen zum Fraß vor; doch konnten all diese Grausamkeiten ihm nichts anhaben, weshalb er schließlich geköpft wurde. Selbst danach erhob er sich jedoch, nahm seinen Kopf, watete durch den Arno und stieg auf den Hügel, der damals noch den Namen »Mons Florentinus« trug. Oben setzte er den Kopf fest auf seine Schultern, legte sich auf die Erde und starb. Er ruht an dem von ihm selbst gewählten Platz unter dem Kloster, das die Florentiner ihm zu Ehren errichteten.

Januar: Ungewöhnliches Neujahrsfest im alten Kloster

Hier, im sanfteren und eher flachen Teil der Toskana, lebte der heilige Franz von Assisi und genau diese Landschaft feiert er in seinem berühmten Sonnengesang. Im Konvent von Pater Eligio finden jugendliche Ausreißer Zuflucht und neuen Lebensmut. Frömmigkeit und innere Einkehr stehen der außergewöhnlichen Gastlichkeit, die hier gepflegt wird, nicht entgegen.

In vielen Menschen wächst der Wunsch, interessante Orte fernab der ausgetretenen Touristenpfade zu besuchen. Wer den Jahreswechsel einmal auf wirklich ungewöhnliche Weise begehen möchte, kann eine traumhafte Reise zu archäologischen Stätten unternehmen und dabei gleichzeitig die winterlich-romantische Toskana kennen lernen. Das Kloster San Francesco ist der richtige Ort für alle, die innere Einkehr suchen, und Cetona gehört – vor allem im Winter – zu den kaum besuchten Sehenswürdigkeiten der Toskana. In der kleinen Kapelle von Cetona traf sich der heilige Franz mit seinen Anhängern, im Jahre 1212 entstand dann das Kloster. Gemeinsam mit den ihm anvertrauten Knaben baute Pater Eligio die alten Gemäuer wieder auf und bezog sie mit seiner Bruderschaft. In der Franziskuskapelle am Waldrand versammelt sich die Gemeinschaft heute um die wunderschöne Christusskulptur. Auch ein Gästehaus gehört zu diesem wirklich außergewöhnlichen Rückzugsort.

Der von Vignola erbaute Palazzo Tarugi wirkt mit seinen hohen Portalen eher streng, Sangallos Palazzo Contucci strahlt dagegen die für die Renaissance typische Eleganz aus.

Einst war Montepulciano eine kleine etruskische Stadt. Nach dem Mittelalter stieg sie zum Adelssitz auf und wurde nach und nach auch für ihren ausgezeichneten Wein bekannt. Angelo Poliziano, ein großer Dichter und Humanist des 15. Jahrhunderts, stammt aus Montepulciano, wo man sein Elternhaus noch heute bewundern kann. Es ist nicht weit von der Hauptstraße mit den wunderschönen Palazzi entfernt, die sich bis zum Gipfel des Hügels emporzieht. Während der Renaissance wetteiferten hier die berühmtesten florentinischen Architekten um die schönsten Gebäude und verwandelten die Piazza Grande in ein echtes Juwel.

Der bogenüberspannte Kreuzgang des Klosters von Pienza entstand nach dem Vorbild florentinischer Adelssitze. Heute befindet sich in den alten Mauern ein Hotel mit Blick auf die wunderschöne Landschaft des Val d'Orcia.

Die Piazza Pio II ist kaum größer als ein Klosterkreuzgang, wirkt aber dank der harmonischen Geometrie der Terrakottaböden und der wunderschönen Gebäude viel weiträumiger. Der matte Glanz des Travertins erhellt die Fassade des Doms und die schön geschwungenen Linien des Brunnens. Er rahmt die Fenster und bildet einen gefälligen Kontrast zu den warmen Terrakottafarben, die den Platz ansonsten beherrschen. Ganz Pienza scheint ausschließlich erbaut, um den Betrachter zu erfreuen – die Gässchen, die vom Hauptplatz abzweigen, genauso wie die kleinen, von blumengeschmückten Häusern gesäumten Straßen, die sich an der Stadtmauer zu einem Balkon mit atemberaubenden Blick auf das grüne Tal verlängern.

4
2

»Die Stadt ähnelt einem großen Haus, das Haus seinerseits einer kleinen Stadt«, sagte Leon Battista Alberti. Sein Schüler Rossellino schuf die Gebäude und das harmonische Ensemble von Pienza, der »città ideale«.

Dichter und Priester, Bischof, Kardinal und schließlich Papst – Enea Silvio Piccolomini, der als Pius II. den Heiligen Stuhl bestieg, war eine außergewöhnliche Persönlichkeit. Nachdem er die Stufen der kirchlichen Karriereleiter bis zur Spitze erklommen hatte, nahm er sich Zeit, sein Heimatdorf Corsignano in die wundervolle mittelalterliche Stadt Pienza zu verwandeln, deren Namen mit Recht an ihren Erbauer erinnert. Der Papst beauftragte Rossellino mit dem Umbau des Ortes und innerhalb von nur drei Jahren entstand jenes einzigartige Ensemble, das im 15. Jahrhundert als »ideale Stadt« bekannt war.

FRANC DI PERO
DI M F MACHIAV
ELLI CAP ET COMM

Wie Orden an der Brust eines Feldherrn sehen diese Wappenbilder an der Fassade des Patazzo Pretorio aus. Die alteingesessenen Familien von Arezzo, wo unter anderem Petrarca und Vasari zur Welt kamen, drückten der Fassade ihr Siegel auf und verwiesen damit auf ihre Beteiligung am städtischen Leben.

Etwas abseits der üblichen Touristenrouten lebt Arezzo noch im Rhythmus einer Provinzstadt und pflegt jahrhundertealte Traditionen. Hierzu gehört der bei Alten und Jungen gleichermaßen beliebte »struscio«, der allabendliche Bummel über den Hauptplatz, bei dem man hier ein Schwätzchen halten, dort einen Blick tauschen, dem Nachbarn auf die Schulter klopfen und den neuesten Klatsch und Tratsch austauschen kann. Doch wer durch das Zentrum von Arezzo schlendert, unternimmt zugleich auch eine Reise durch die italienische Architekturgeschichte, denn hier sind alle Baustile von der Romanik über die Gotik bis hin zur Renaissance und zum Barock vertreten.

Pappardelle heißen die typischen Bandnudeln, die unbedingt hausgemacht sein müssen. Sie werden besonders breit geschnitten, um einen Ausgleich zur würzigen, kräftigen Soße zu bilden.

Wir befinden uns nur wenige Kilometer von Siena, San Casciano, Monteriggioni und Colle Val d'Elsa entfernt. Doch der Aufenthalt in der Villa Belvedere ist nicht nur wegen der Nähe zu den verschiedenen historischen Zentren ein Vergnügen. Die prachtvolle Villa ist im Stil des ausgehenden 19. Jahrhunderts, schlicht und doch zugleich elegant eingerichtet, beeindruckt darüber hinaus durch ihre wirklich vorzügliche Küche. Die typischen Rezepte und Gerichte folgen dem Rhythmus der Jahreszeiten. Jetzt, während der Jagdsaison, kommen, wie schon seit Jahrhunderten bevorzugt, Wildschwein, Hase und Fasan auf den Tisch. Wildgerichte gehören zu den Spezialitäten der Toskana, in der die Jagd eine lange Tradition hat.

Hier mildert Polenta den starken Wildschweingeschmack und bringt zugleich das Aroma des Rosmarins gut zur Geltung.

Schon immer verwendete man in der Toskana gern Gewürze und Kräuter, die aus dem fernen Orient auf die Tische der Reichen wanderten. Außer den »odori«, dem in der Toskana gern gebrauchten Oberbegriff für fast alle Kräuter, benutzte man für Wildgerichte auch noch einige ausgefallenere Gewürze. Die toskanische Küche hat viele Gesichter und die Wildgerichte reichen vom einfachen Braten und Grillfleisch bis hin zu originelleren Kreationen wie Pappardelle mit Wildschwein oder pikanten Pasteten. Wer die Geheimnisse der Kräuter und Gewürze kennt, sie richtig einzusetzen weiß und auf die Ausgewogenheit der Zutaten achtet, kann aus einem einfachen Gericht ein Kunstwerk zaubern.

Der weiße Marmor des Domes bildet einen Kontrast zu den lehmbraunen Mauern der Stadt Siena, die in ihrer Geschlossenheit wesentlich harmonischer wirkt als Florenz. Der Unterschied zwischen beiden Städten wird auch in der Architektur deutlich, wenn man die fließenderen, weicheren und ruhigeren Linien der Gebäude von Siena betrachtet. Es verwundert nicht, dass Siena Künstler wie Simone Martini und Duccio da Buoninsegna hervorbrachte.

Februar: Marmor und der Karneval von Viareggio

Schlanke Palmen in der Ebene und am Ufer des Sees – auch wenn man das Meer nicht sieht, ist es allgegenwärtig. Seine Präsenz ist bis weit ins Landesinnere hinein zu spüren, auch in entlegenen Gegenden, auf Hügeln und zwischen Bäumen. Die Versilia ist eine typische Küstenregion.

Auch diese Landschaft gehört zur Toskana. Nur mühsam vermochte das Winterlicht den dichten Nebel über dem Tal zu durchdringen, doch jetzt hat es sich durchgekämpft. Die Wintertage sind kurz, doch dafür ist das Licht klarer und reiner. Auf der anderen Seite des Sees steht die Villa di Camporomano, um deren Garten sich ein weitläufiger Olivenhain zieht. Das Gebäude aus dem 18. Jahrhundert erhebt sich am Ufer des Lago di Massaciuccoli in den Hügeln von Massarosa und gehört seit Anbeginn derselben Familie. Signora Orietta und ihr Ehemann Gianfranco bieten freundliche Gastlichkeit in kleinen Ferienapartments des rot-weiß gestrichenen Gutshauses oder in einer prächtigen, »Casa di Elena« genannten Suite in der Villa selbst. Von den Fenstern aus kann man den Sonnenuntergang betrachten und blickt auf Palmen, die sich wie Wächter am anderen Ufer des Sees erheben. Später am Abend bitten die Hausherren im Erdgeschoss zum Dinner

Der Marmorlöwe verweist auf den alten Besitz der Medici. Der elegante Balkon und die harmonisch angeordneten Fenster gehören zur selben Fassade. An einem anderen Palazzo prangt eine Büste von Michelangelo. Jeder Winkel der Stadt wartet mit einer kleinen eleganten Überraschung auf.

Pietrasanta ist eine hübsche Kleinstadt am Nordrand der Versilia. Viele moderne Bildhauer haben hier einen Teil ihrer Ausbildung absolviert. Harmonisch gruppieren sich die Gebäude um den Hauptplatz des historischen und künstlerischen Zentrums, einer Begegnungsstätte für Bildhauer, Handwerker und Käufer. Die Handwerker von Pietrasanta haben in der Kunstgeschichte keine Spuren hinterlassen. Eingehüllt in den Staub von Marmor und Stein, gleichen sie selbst lebenden Statuen. Sie meißeln, behauen Stein, schmücken und verzieren: Jeder hat eine spezielle Aufgabe.

Grünes Laub umrankt die halb offene Tür. Die beiden schlichten Gardinen sind einladender als ein protziges Schild.

Natürlich erwähnt jeder gern Michelangelo, doch seit der Zeit, da er in Pietrasanta wirkte, haben noch viele andere berühmte Bildhauer, darunter Henry Moore, Mittoray, Thenner, Botero und Pietro Cascella, in den Ateliers gearbeitet. Die meisten Besucher bummeln zuerst durch die Läden und über den Hauptplatz, ehe sie, im historischen Zentrum, einen fantastischen Palazzo aus dem 17. Jahrhundert entdecken. In dem Gebäude ist heute ein Hotel untergebracht. Die Räume bestechen durch schlichte Eleganz, der Service entspricht dem eines Luxushotels und bemüht sich um eine private Atmosphäre. Hervorragend speisen kann man in der Enoteca auf der anderen Straßenseite.

Viele Gerichte überzeugen vor allem durch ihre harmonische Komposition. Formen und Farben passen genauso gut zusammen wie Geschmack und Geruch, ohne dass das eine das andere überdeckt.

Was ist über die Küche dieser Region zu sagen? Vielleicht, dass in ihr der Übergang von den Bergen zum Meer spürbar wird und man den Einfluss der Garfagnana schmeckt, jener Gebirgsregion, die gleich hinter den Alpi Apuane und der Versilischen Küste beginnt. Das Restaurant Sci ist ein reiner Familienbetrieb: Auf der Karte stehen wenige Gerichte, in der Gaststube wenig Tische, die Preise sind niedrig und in der Küche wacht die »mamma« darüber, dass alles seine Ordnung hat. Auch im ausschließlich abends geöffneten Ristorante L'Enoteca sorgt eine Familie für das leibliche Wohl. Micheles Leidenschaft für gute Weine bindet die Eltern an den Herd. Der Vater kümmert sich um die Grillgerichte, die Mutter rührt in den Töpfen und serviert ihre Lieblingsgerichte (siehe auch vorhergehende Doppelseite).

Neben den Gipstorsi auf der Künstlerbank steht ein mit Draht zugebundener Sack. Seite an Seite mit dem starren klassischen Torso einer Venus räkelt sich anmutig eine nackte Frauenfigur. Der kleine Fackelträger ist das einzige Überbleibsel einer größeren Komposition.

Carrara, die alte Welthauptstadt des Marmorhandels, liegt in einer Mulde zwischen Olivenbäumen und Hügeln am Fuße der Alpi Apuane. Mit der alten Eisenbahn erreicht man den Steinbruch von Fantiscritti, die »Marmorkathedrale« im Herzen des Berges. Obwohl man mir den Ort zuvor beschrieben hatte, war ich bei meinem ersten Besuch tief beeindruckt von den mächtigen glatten und weißen Felsen, die vor meinen Augen emporwuchsen. Menschen, die daneben wie Zwerge aussehen, schneiden die Blöcke mit einem einfachen Draht wie Käse entzwei. Die gesamte Landschaft ist so wuchtig, strahlend weiß und unwirklich, dass man unruhig wird und das Gefühl hat, der Berg wäre ein lebendiges Wesen, das seine innere Schönheit nicht preisgeben will (siehe auch folgende Doppelseite).

ALLE MANI
SUPERIORE A 90 dB(A)
L'UDITO

Die Burg Verrucola di Fivizzano entstand bereits zur Zeit der Römer, wurde mehrfach zerstört und wieder aufgebaut. Zu Beginn des 15. Jahrhunderts ging der Besitz an Niccolò Malaspina über, der mitsamt seiner Familie von einigen Vettern der Sippe ermordet wurde. Nur ein Kind, der kleine Spinetta, konnte sich retten. Die Medici nahmen ihn unter ihre Fittiche und erbten nach seinem Tod die Festung. Auch ein Erdbeben verwüstete die Burg, die später neu errichtet wurde und eine Zeit lang als Kloster diente, ehe sie erneut und gleich mehrfach die Besitzer wechselte. Pietro Cascella und seine Frau Cordelia verliebten sich auf den ersten Blick in die alten Gemäuer und restaurierten sie mit viel Liebe und Geduld. Der bekannte Bildhauer sammelt hier seine Werke und die Entwürfe für seine monumentalen Skulpturen. Seine Gemahlin schafft währenddessen Kunstwerke aus Ton und stellt ihre Arbeiten in den Räumen der Burg aus, als würden sie einfach zum Inventar gehören.

Steine und Weinreben bilden eine harmonische Einheit. Größere Reben ziehen sich direkt an der Mauer entlang; kleinere wachsen auf dem abschüssigen Gelände davor. Nackt und kahl warten sie auf den nächsten Frühling. Hinter den Mauern arbeitet der Künstler an seinen Werken.

In einem Ring aus bunten Gemüsewürfeln laden Meeresfrüchte in verführerischen Formen Augen und Gaumen zum Genießen ein. Das rötlich schillernde, saftige Fleisch der Riesengarnele kündigt ein vollendetes Geschmackserlebnis an.

An der Versilischen Küste bezeichnet man einen Badeort schlicht als »bagno«. Das Orsa Maggiore befindet sich in einem solchen Bad und ist ganz einfach fantastisch. Selbst im Winter kann man hier tagsüber in der Sonne speisen und dabei mit den Füßen im Sand wühlen. Abends spiegelt sich der silberne Schein des Mondes im Wasser. Auf der Karte stehen schlichte und doch erlesene Meeresspezialitäten. Auf dem Tisch steht ein aufgeschnittenes Brot, darin liegt ein Seebarsch, der dank seiner raffinierten Zubereitung wie lebendig wirkt. In einer Schüssel hat man Emmer, das alte, zarte Getreide der Garfagnana, mit köstlichen Garnelen vermengt. Traditioneller Geschmack erhält auf diese Weise eine neue, exquisite Note.

Die horizontalen Linien des Holzbodens auf dem Sand und die vertikalen Bretter der Kabinen bestimmen das Bild. Der Kontrast der Farben und die symmetrisch angeordneten Balkone setzten Akzente. Darüber tauchen hinter den Dächern Baumkronen und Berggipfel auf.

Dekor für einen Karnevalswagen in Viareggio. Hämmer und Sicheln schmücken das Haupt der großen Maske. Ihre grotesken Gesichtszüge wirken durchaus modern.

Viareggio liegt zwischen zwei weitläufigen Pinienwäldern und gehört zu den Fischfangzentren der Toskana. Viele Besucher kommen jedoch auch, um die schönen Jugendstilbauten zu bewundern. Beim Bummel durch die Stadt erkundet manch einer die Kunsthandwerksateliers, die seit Generationen dem Karneval huldigen. Früher einmal bestanden die Konstruktionen aus schwerem Gips, heute arbeitet man in der Regel mit Pappmaschee. Aus diesem Material entstehen jene Figuren, die sich während eines einzigen Monats im Jahr über jede Person und jedes Ereignis lustig machen dürfen. Ein ganzes Jahr harte Arbeit mit Kleister und alten Zeitungen für 30 tolle Tage!

Ein zeitgenössischer Bildhauer hat diese Frauenskulptur geschaffen. Sie sieht so lebensecht aus, als wollte sie im nächsten Moment ihrer Gussform entsteigen.

Worin besteht der Unterschied zwischen dem Atelier eines Bildhauers und der in einem Schuppen untergebrachten Bildhauerwerkstatt und Gießerei eines Handwerkers im Dienst des Karnevals von Viareggio? Gipsbüsten, Marmorblöcke, Schablonen und Zeitungspapierfiguren warten darauf, dass ihr Besitzer ihnen Leben einhaucht. Flüchtig ist das Dasein der Gestalten aus Pappmaschee, die nur wenige Tage auf der Straße einen spöttischen Blick auf die Ereignisse des vergangenen Jahres werfen. Kunstwerke werden dagegen für die Ewigkeit geschaffen; sie überdauern die Zeiten auf Plätzen oder in Museen und erinnern an ihren Schöpfer und die Vorstellungen seiner Zeit.

Reisen und Genießen

im Wechsel der Jahreszeiten

Rezepte 194–205

Routenvorschläge 206–256

März Über Hügel und verzauberte Dörfer von Florenz nach Siena 206

April Friedvolles Osterfest fernab von Menschenmassen 210

Mai Durch blühende Villengärten in Lucca und Florenz 214

Juni Düfte, Farben und Speisen der Insel Giglio 218

Juli Leidenschaftlicher Palio und friedliches Umland 222

August Unberührte Natur im geheimnisvollen Land der Etrusker 227

September Gute Gelegenheit für Antiquitätensammler 232

Oktober Trüffeln und Pilze in der Heimat von Piero della Francesca 238

November Chianti, Brunello und Gutshofküche 242

Dezember Weihnachtseinkäufe im winterlichen Florenz 248

Januar Ungewöhnliches Neujahrsfest im alten Kloster 250

Februar Marmor und der Karneval von Viareggio 254

Rezepte für den Monat März

Moschuskraken mit Tomaten und Basilikum

ZUTATEN *Für 4 Personen*

Olivenöl extra vergine
2 Knoblauchzehen
1 Peperoncino
500 g möglichst kleine Moschuskraken, ersatzweise kleine Oktopusse
4 Tomaten
Salz
1 Bund Basilikum
4 Scheiben Weißbrot, geröstet

Alle Rezepte des »Pandemonio« sind einfach, schmecken aber aufgrund der hervorragenden Qualität ihrer Zutaten. Wenn die Moschuskraken wirklich klein und ganz frisch sind, gelingt das Rezept mit Sicherheit. Trinken Sie zu diesem Gericht einen Libaio Antinori, einen Pinot Grigio aus der Toskana.

Das Öl mit dem gehackten oder zerdrückten Knoblauch und dem Peperoncino in einem Topf erhitzen. Die gut gewaschenen, gesalzenen Moschuskraken zufügen. Auf kleiner Flamme anbraten und darauf achten, dass der Knoblauch nicht anbrennt. Wenn die Kraken gut gebräunt sind, die gehäuteten und in Würfel geschnittenen Tomaten, Salz und reichlich Basilikum zufügen. Das Gericht zugedeckt 5 Minuten köcheln lassen. Die Kraken heiß auf Röstbrot servieren.

Rezept aus der Trattoria »Il Pandemonio« in Florenz, Via del Leone 50r, Tel. (055) 224002

Perlhuhnbrust mit Rosmarinspeck an Vinsanto-Essig-Sauce

ZUTATEN *Für 2 Personen*

4 Scheiben Bauchspeck, in gehacktem Rosmarin gewälzt
1 doppeltes Perlhuhnbrustfilet
Salz, Pfeffer
Olivenöl extra vergine
4 Knoblauchzehen
1 Rosmarinzweig
1 Glas Weißwein
Vinsanto-Essig

Lassen Sie sich nicht vom aufwändig klingenden Namen dieses Gerichtes einschüchtern – die Zubereitung ist nämlich gar nicht schwer. Ein guter Chianti Classico, zum Beispiel ein Montevertine di Manetti, passt ausgezeichnet dazu.

Die Speckscheiben unter die Haut der Perlhuhnbrust schieben. Salzen, pfeffern und die Haut mit Küchengarn fixieren. Das Fleisch in einem Bräter mit wenig Öl kurz anbraten, dann sofort die Knoblauchzehen, den Rosmarinzweig und ein Glas Weißwein zufügen. Den Topf mit einem Deckel verschließen und das Fleisch ca. 30 Minuten schmoren. Zum Schluss den Fond mit etwas Vinsanto-Essig lösen. Die Perlhuhnbrust aufschneiden und mit frischem, in Butter geschwenktem Gemüse servieren.

Zitronencreme mit Erdbeersauce und Zitronenerdbeeren

ZUTATEN *Für 8 Personen*

Läuterzucker:
100 ml Wasser
30 ml Zitronensaft
200 g Zucker
abgeriebene Schale von 1/2 Zitrone

5 Eigelbe
3 Blätter Gelatine, in Wasser eingeweicht
Saft von 1 Zitrone
5 Eiweiße, steif geschlagen
1 kl. Glas Limoncello
750 g reife Erdbeeren
Zitronensaft
etwas Gin
2 EL Puderzucker

Zum krönenden Abschluss gibt es ein Dessert, für das Sie zwar viele Zutaten benötigen, das ansonsten aber kaum Mühe macht. Am besten schmeckt hierzu ein Passito di Cascina Caluso.

Zuerst die Zutaten für den Läuterzucker 10 Minuten lang köcheln und wieder abkühlen lassen. Die Eigelbe in einen Topf geben. Im Wasserbad mit dem Schneebesen aufschlagen, dabei den Läuterzucker in dünnem Strahl einlaufen lassen. Wenn die Masse beginnt einzudicken, vom Herd nehmen und die aufgelöste Gelatine unterziehen. Weiterschlagen und nacheinander Zitronensaft, Eischnee und den Limoncello unterheben. Die Masse in Portionsförmchen füllen und sechs Stunden kalt stellen.

Für die Sauce die Erdbeeren vierteln, mit Zitronensaft und Gin beträufeln und mit Puderzucker bestreuen. Eine Hälfte in den Kühlschrank stellen und 30 Minuten ziehen lassen. Die andere Hälfte pürieren. Die Zitronencreme auf einen Spiegel aus der Erdbeersauce stürzen und mit den geviertelten Erdbeeren servieren.

Rezepte aus der Frateria di Padre Eligio, Convento di S. Francesco in Cetona, Tel. (0578) 238015

Rezepte für den Monat April

Pappardelle mit Steinpilzen

ZUTATEN *Für 4 Personen*

1 Knoblauchzehe, gehackt
1 Peperoncino
Olivenöl extra vergine
2 Schältomaten, passiert
1 TL Bergmelisse oder Minze
1 TL frischer Oregano
Salz, Pfeffer
300 g Steinpilze, geputzt und in dünne Scheiben geschnitten
300 g Eier-Pappardelle

Im Frühjahr schmecken Steinpilze nicht so würzig wie im Herbst, doch Francesca zaubert aus ihnen immer ein köstliches Nudelgericht. Durch die kurze Garzeit behalten sie ihren typischen Eigengeschmack, den die Bergmelisse noch verstärkt. Dieses Gewürz wächst wild auf Wiesen und Feldern und wurde bereits bei den Römern zum Würzen von Speisen benützt. Zu diesem Gericht passt ein Chianti Classico Vecchie Terre di Montefili, Jahrgang 1997, ganz hervorragend.

In einer Pfanne den gehackten Knoblauch und den Peperoncino in etwas Öl anbraten. Tomaten, Kräuter, Salz und Pfeffer zufügen und 2 Minuten auf höchster Stufe kochen lassen. Die Steinpilze dazugeben und einige Minuten mitkochen. Mit den al dente gekochten Pappardelle vermischen und sofort servieren.

Rezept von Francesca Cianchi, »Villa Il Monte« in Bagno a Ripoli, Via di Pontibucci, Tel. (055) 698113

Gebratene Gemüsevariation

ZUTATEN *Für 4 Personen*

4 Malvenblätter
4 Borretschblätter
4 Ringelblumenblätter
4 Salbeiblätter
1 Kartoffel
2 Zucchini
1 Zwiebel
4 Artischocken
1 Ei
150 ml Wasser
100 g Mehl
Salz
Olivenöl extra vergine

Gebratenes Gemüse gehört traditionell zu den Gerichten, die sowohl auf dem Land als auch in der Stadt an Feiertagen auf den Tisch kommen. Ihr Geheimnis liegt in der Qualität des verwendeten Öls, an dem es in der Toskana gewiss nicht mangelt. Damit das Gericht gut gelingt, ist es wichtig, das Öl stark zu erhitzen und auf konstanter Temperatur zu halten. Verwenden Sie stets ganz frisches Öl. Bereits zur Zeit der Medici war der Wein aus der Villa Ferdinanda gleich gegenüber vom Delfina berühmt. Carlo empfiehlt einen Carmignano di Capezzana, Jahrgang 96.

Sämtliche Blätter waschen, die Kartoffel und die Zucchini in Stäbchen, die Zwiebel in Scheiben und die Artischocken in Schnitze schneiden. Ei, Wasser, Mehl und Salz zu einem Teig verrühren. Das Gemüse durch den Teig ziehen und in reichlich Olivenöl knusprig ausbacken. Das Öl muss eine konstante Temperatur von 160 °C haben.

Tomaten mit Weintrauben

ZUTATEN *Für 2 Personen*

4 runde Tomaten, möglichst grün
50 g Mehl
4 Knoblauchzehen, gehackt
Olivenöl extra vergine
1 EL Tomatenmark
Salz
100 g vollreife Weintrauben (z. B. San Colombano)

Auch bei diesem Rezept bildet Gemüse die Hauptzutat. Es ist so einfach zuzubereiten, dass man es jederzeit als Vorspeise oder Beilage servieren kann. Delfinas Sohn Carlo pflegt die Traditionen der einstigen Armeleuteküche. Zu diesem Gericht empfiehlt er einen Wein aus der Region, am besten einen Barco Reale, Jahrgang 98, von Ambra.

Die Tomaten in Scheiben schneiden, Kerne entfernen und die Tomaten von beiden Seiten mit Mehl bestäuben. In einer Pfanne den Knoblauch in etwas Öl erhitzen und die Tomatenscheiben von beiden Seiten darin anbraten. Tomatenmark zufügen und salzen. Die Hälfte der Trauben mit der entstandenen Flüssigkeit beträufeln. Zum Schluss die restlichen Weintrauben kurz mitdünsten und alles warm servieren.

Rezepte aus dem Restaurant »Da Delfina« in Artimino (Carmignano), Tel. (055) 8718074

Rezepte für den Monat Mai

Spaghetti mit Babykalmaren und Salbei

ZUTATEN *Für 4 Personen*

1 Knoblauchzehe
1 Peperoncino
Olivenöl extra vergine
400 g Babykalmare, küchenfertig
8 Salbeiblätter
250 g Spaghetti
1/2 Glas Weißwein
Salz
einige Salbeiblätter zum Garnieren

Die Karte des »Lorenzo« orientiert sich nach dem Angebot auf dem Markt. Die meisten Gerichte sind schlicht, damit der Eigengeschmack des fangfrischen Fisches nicht verloren geht. Pasta wird bei Lorenzo mit dem Fisch zusammen gekocht, wodurch auch die einfachste Sauce einen unverwechselbaren Geschmack erhält. Zu den hervorragenden Spaghetti mit Babykalmaren passt ein weißer Montecarlo aus der Casa Buonamico.

Die Knoblauchzehe und den Peperoncino im Öl anbraten. Knoblauch entfernen, Kalmare und Salbei zufügen und einige Minuten anbraten. Spaghetti und Weißwein zufügen, den Wein verkochen lassen. Das Gericht salzen und auf großer Flamme nach und nach kochendes Wasser zufügen. Immer wieder gut umrühren. Die fertigen Spaghetti auf Tellern anrichten und mit einigen Salbeiblättern garnieren.

Gedünstete Kalmare und Tintenfische mit gemischtem Gemüse und Wildreis

ZUTATEN *Für 4 Personen*

100 g Wildreis
500 g Tintenfisch
100 g Zucchini
300 g Babykalmare
150 g Tomaten
1 Hand voll Basilikum
1 Hand voll Minze
Olivenöl extra vergine
3 EL Aceto balsamico
1 Spritzer Zitronensaft
Salz
1/2 Peperoncino, fein gehackt
einige Blätter Löwenzahn
und Kopfsalat, fein geschnitten
50 g Radieschen, geraspelt

Auch dieses Gericht besticht durch seine Schlichtheit und den delikaten und ausgefallenen Geschmack. Geben Sie einen Korken ins Kochwasser und tauchen Sie den Tintenfisch drei- bis viermal ins kochende Wasser. Er wird dadurch besonders zart. Obwohl Lorenzo einen großen Weinkeller mit hervorragender Auswahl besitzt, empfiehlt er zu diesem Essen einen Sauvignon der Kooperative Camilliano in der Provinz Lucca.

Den Reis 20 Minuten einweichen, anschließend 40 Minuten kochen. Inzwischen den Tintenfisch weich klopfen und 50 Minuten in Salzwasser kochen. Im Kochwasser abkühlen lassen, abgießen und in Stücke schneiden. Die Zucchini waschen, in dünne Scheiben schneiden und blanchieren. Die Babykalmare säubern und einige Minuten in Salzwasser kochen. Die Tomaten in kleine Würfel, Basilikum und Minze in feine Streifen schneiden. Alles mit Öl, Aceto balsamico, Zitronensaft, Salz und etwas Peperoncino abschmecken. Mit dem Reis mischen, auf einem Salatbett mit Radieschenraspeln bestreut servieren.

Petersfisch im Frühjahrskleid

ZUTATEN *Für 4 Personen*

8 kleine Petersfische à 100 g
1 Möhre
1 Scheibe Sellerie
1/2 Zwiebel

Julienne:
100 g Sellerie, fein gestiftelt
3 Tomaten, grob gehackt
1/2 Bund Basilikum, gezupft
Olivenöl extra vergine
2 EL Aceto balsamico
Salz

Dieses schlichte Gericht bringt den köstlichen Geschmack des fangfrischen Fisches hervorragend zur Geltung und eignet sich auch für die Diätküche. Dazu schmeckt ein Vermentino von Ottaviano Lambruschi aus den Hügeln von Luni.

Die gewaschenen und geputzten Petersfische mit der Möhre, dem Sellerie und der Zwiebel in einen Topf mit kaltem Wasser legen. Zum Kochen bringen und die Fische 5 bis 10 Minuten gar ziehen lassen. Gräten entfernen, Filets auf eine vorgewärmte Platte legen und mit einer Gemüsejulienne aus feinen Selleriestiften, Tomatenstücken und Basilikum, leicht angemacht mit Olivenöl, Aceto balsamico und Salz, bedecken.

Rezepte aus dem Ristorante »Lorenzo« in Forte dei Marmi, Via Carducci 61, Tel. (0584) 84030

Rezepte für den Monat Juni

Marinierte Sardellen

ZUTATEN *Für 4 Personen*

400 g Sardellen
1 Glas Essig
1 Glas Weißwein
Saft von 1 Zitrone
Salz
Olivenöl extra vergine
etwas Petersilie, fein gehackt
1 gelbe Paprika, gehäutet und in Streifen geschnitten

Die kleinen blauen Sardellen, die man auf dem Markt stets frisch und zu vernünftigen Preisen bekommt, finden in der Küche leider viel zu wenig Beachtung. Dieses einfache Rezept ist nur ein Vorschlag für die Zubereitung der Fische, die gebraten, gefüllt, mit Tomaten oder gegrillt ebenfalls hervorragend munden. Ausgezeichnet passt dazu ein Ansonica von der Insel Giglio.

Die Sardellen putzen, dabei den Kopf und die Mittelgräte entfernen. In einer Schüssel Essig, Wein, Zitronensaft und Salz mischen. Die Sardellen hineingeben und 24 Stunden marinieren. Die Fische aus der Marinade nehmen, abtropfen lassen und auf einer Platte anrichten. Mit ein wenig Öl beträufelt und mit Petersilie und Paprika garniert servieren.

Rezept aus dem Restaurant »Maria« in Giglio Castello (Isola del Giglio), Tel. (0564) 806062

Linguine mit Granchio Margherita

ZUTATEN *Für 6 Personen*

1 Granchio Margherita, ersatzweise 3 Taschenkrebse
2 Knoblauchzehen
1 Peperoncino
Olivenöl extra vergine
Salz
trockener Weißwein
200 g Kirschtomaten
500 g Linguine
Petersilie, gehackt

Mit diesem wirklich einfachen Rezept, dessen einzige Schwierigkeit im Auslösen der großen Krabbe besteht, hinterlassen Sie bei Ihren Gästen bestimmt einen bleibenden Eindruck. Im »Veliero« serviert man dazu einen Terre di Tufi von Teruzzi & Puthod.

Die Krabbe für einige Minuten in kochendes Wasser legen. Herausnehmen, Kochwasser zurückbehalten. Das Krabbenfleisch aus dem Mittelteil und den Scheren herauslösen. Den Knoblauch hacken oder zerdrücken und mit dem Peperoncino in Öl anbraten. Das Krabbenfleisch zufügen, salzen, 5 Minuten köcheln lassen und mit dem Wein ablöschen. Tomaten zugeben und weitere 5 Minuten köcheln lassen. In der Zwischenzeit die Linguine im zurückbehaltenen Kochwasser garen, abgießen und gründlich mit der Sauce vermischen. Mit Petersilie bestreuen und sofort servieren.

Frittierte Netzfische

ZUTATEN *Für 4 Personen*

600 g Netzfische (»Pesce di Paranza« nennt man in Italien die Fische ganz unten im Fangnetz)
4 mittelgroße Riesengarnelen, küchenfertig
2 Pfeilkalmare
100 g Mehl
1 l Olivenöl
Salz

Dieses schlichte Rezept wäre eigentlich kaum der Rede wert, würde der »Fritto misto«, der in Italien auf vielen Speisekarten steht, nicht allzu häufig lediglich aus aufgetauten Tintenfischringen und Tiefseegarnelen bestehen. In unserem Fall werden dagegen verschiedene frische Fische verwendet, und zwar kleine, gängige Arten, wie Ährenfische, die sich ganz unten in den Netzen der Fischer finden. Die Fische werden nur in Mehl gewälzt, knusprig gebraten und anschließend mit Köpfen und Gräten verzehrt. Dazu empfiehlt sich ein frischer roter Torgaio aus der Casa Ruffino. Sie benötigen etwas Geduld, um die Fische vorzubereiten, denn in diesem Fall nimmt Ihnen der Händler die Arbeit gewiss nicht ab.

Fische und Garnelen waschen und trockentupfen, Kalmare in Ringe schneiden. Alles in Mehl wälzen und in einem Topf mit reichlich siedendem Öl frittieren. Wenn Fische und Meeresfrüchte halb gar sind, d.h. wenn Sie etwas Farbe genommen haben, kurz herausnehmen, salzen und ins Öl zurückgleiten lassen. Knusprig frittieren, auf Küchenpapier abtropfen lassen und sofort servieren.

Rezepte aus dem Restaurant »Il Veliero« in Porto S. Stefano, Via Panoramica 149, Tel. (0564) 812226

Rezepte für den Monat Juli

Gefüllte Zwiebeln

ZUTATEN *Für 4 Personen*

4 große weiße Zwiebeln
Olivenöl extra vergine
1 EL geriebener Parmesan
1 EL Semmelbrösel
1 Ei
Salz, Pfeffer

In der Toskana gibt es unzählige Gemüserezepte. Obwohl die Gerichte eher schlicht sind, stehen sie auf der Karte der »Certosa di Maggiano«, die immerhin zur Gruppe Relais & Chateaux gehört. In der »Certosa« reicht man dazu einen Vernaccia Fiore di Montenidoli.

Die Zwiebeln schälen und 5 Minuten kochen. Waagerecht in der Mitte durchschneiden und die Hälften aushöhlen. Die ausgelösten Teile in ein wenig Öl anbraten. Parmesan, Semmelbrösel, Ei, Salz und Pfeffer zugeben. Alles im Mixer pürieren und in die Zwiebelhälften füllen. Die Zwiebeln in eine geölte Form setzen und bei 200 °C 30 Minuten im vorgeheizten Ofen backen.

Profiteroles

ZUTATEN *Für 4 Personen*

65 ml Wasser
20 g Butter
35 g Mehl
1 Ei, verquirlt

Cremefüllung:
250 ml Milch
Mark von 1/2 Vanilleschote
2 Eigelb
75 g Zucker
25 g Mehl

250 g Schokolade

Das Wasser mit der Butter erhitzen. Sobald die Flüssigkeit zu kochen beginnt, das Mehl zufügen und gut unterrühren. Etwas abkühlen lassen, dann das Ei unterziehen. Ein Backblech fetten und mit Mehl bestäuben. Den Teig in einen Spritzbeutel füllen. Kleine Teigstreifen auf das Blech spritzen und im Ofen bei 180 °C goldbraun backen. Mit den angegebenen Zutaten eine Cremefüllung zubereiten, den Brandteig damit füllen. Auf einer Platte anrichten und vor dem Servieren mit der im Wasserbad geschmolzenen Schokolade überziehen.

Rezepte aus der »Certosa di Maggiano« bei Siena, Via della Certosa 82, Tel. (0577) 288180

Crostini di carne

ZUTATEN *Für 4 Personen*

Olivenöl extra vergine
200 g mageres Hackfleisch vom Rind
100 g Hühnerleber
1 Zwiebel, gehackt
1/2 Apfel, gewürfelt
3–4 Sardellenfilets
50 g Kapern
100 g Butter
Saft 1 Zitrone
Salz, Pfeffer

In der Toskana sind Crostini unverzichtbarer Bestandteil des Essens. Es gibt Hunderte von Rezepten, und jeder bereitet sie etwas anders zu. Sie können helles oder dunkles, geröstetes oder mit Öl bestrichenes Brot verwenden. Die Auswahl reicht von der schlichten Bruschetta mit kalten Tomaten über Fleisch- und Fischaufstriche bis hin zu Käse und Gemüse. Die Tradition der Crostini ist alt: Bevor Teller und Besteck eingeführt wurden, nahm man das Essen mit den Händen und legte es auf Brotscheiben, die den Saft der Speisen aufsogen. Hieraus entwickelten sich später die Crostini. Signora Daniela empfiehlt nach den Crostini einen Rosso di Montepulciano von Poliziano.

Das Öl in einem Topf erhitzen und Hackfleisch, Hühnerleber, Zwiebel und Apfelstücke etwa 1 Stunde schmoren. Anschließend alles mit den Sardellenfilets, Kapern, Butter, Zitronensaft, Salz und Pfeffer durch den Fleischwolf drehen. Kurz erwärmen und auf den Brotscheiben verteilen.

Rezept aus dem Restaurant »Daniela« in S. Casciano dei Bagni (Siena), Piazza Matteotti, Tel. (0578) 58041

Rezepte für den Monat August

Gnudi mit Brennnesseln

ZUTATEN *Für 4 Personen*

200 g Brennnesselspitzen
400 g Ricotta
2 Eier
Salz
150 g Mehl
50 g Butter
8 Salbeiblätter
50 g Parmesan
Pfeffer

Diese Ravioli heißen nach ihrer Ursprungsregion »Ravioli del Casentino«, wegen ihrer unregelmäßigen Form nennt man sie aber auch »Malfatti« (Misslungene) oder Gnudi, weil ihnen die übliche Teighülle der Ravioli fehlt. In der Region Casentino reicht man sie mit Tomaten- oder Fleischsauce, doch am besten kommt der Geschmack des verarbeiteten Gemüses zur Geltung, wenn man sie mit Salbeibutter serviert. Im »Caino« empfiehlt der Sommelier einen Lunaia, Jahrgang 97, das ist ein Bianco di Pitigliano vom Weingut La Stellata.

Die Brennnesseln waschen und blanchieren. Abgießen, gut ausdrücken und fein hacken. In einer Schüssel Ricotta, Brennnesseln und Ei mischen, salzen. Das Mehl auf die Arbeitsfläche geben, die Brennnesselmischung löffelweise darauf setzen und mit den Händen vorsichtig Mehl einarbeiten, sodass Gnocchi entstehen. Die Gnocchi in kochendem Salzwasser kurz garen und durch einen Durschschlag abgießen. Die Butter zerlassen, Salbei einige Minuten darin ziehen lassen. Die Gnocchi heiß mit Salbeibutter, Parmesan und einer Prise Pfeffer servieren.

Eingelegtes Gemüse

ZUTATEN *Für 6 Personen*

1 l trockener Weißwein
1 l Wasser
1/4 l Weinessig
1 EL Salz
Spargel, Lauch, Artischocken, Pilze, Bohnen und anderes Gemüse nach Geschmack
Olivenöl extra vergine
Knoblauch, Kräuter und Gewürze nach Geschmack

Weißwein, Wasser, Essig und Salz in einem Topf zum Kochen bringen. Das Gemüse einige Minuten darin ziehen lassen, herausnehmen und abtropfen lassen. In einen Behälter füllen und mit Olivenöl bedecken. Nach Geschmack mit in Scheiben geschnittenem Knoblauch, Pfefferkörnern, Peperoncini, Petersilie, Basilikum etc. würzen und das eingelegte Gemüse mindestens 2 Tage an einem dunklen, kühlen Ort ziehen lassen.

Taube mit Rotweinessig und Sonnenblumenhonig

ZUTATEN *Für 4 Personen*

4 Tauben
1 Zwiebel, gehackt
1 Möhre
1 Selleriescheibe
Salz, Pfeffer
Olivenöl extra vergine
1 Glas körperreicher Rotwein
4 EL Sonnenblumenhonig
6 EL Rotweinessig
50 g Butter
1/2 EL Maisstärke

Eine typische Kreation von Valeria, bei der auf geniale Weise traditionelle Speisen und innovative Ideen verbunden und nach Art der großen Küchenchefs präsentiert werden.

Die Tauben flämmen und säubern. Brust und Keulen ganz lassen und zur Seite legen. Übriges Fleisch mit Knochen, gehackter Zwiebel, Möhre und Sellerie, Pfeffer und Salz in einem Topf in 2 Esslöffeln Öl anbraten, mit Wein ablöschen. Wenn der Wein verdampft ist, gut 1/4 Liter Wasser zufügen und alles 30 Minuten köcheln lassen. Honig und Rotweinessig verrühren und ganz zum Schluss zugeben. Die Sauce durch ein Sieb filtern und warm stellen. Die Taubenbrüste und -schenkel salzen, mit der Honig-Essig-Sauce beträufeln und in der Butter scharf anbraten. Das Fleisch in eine feuerfeste Form legen, erneut mit der Sauce beträufeln und 10 Minuten im vorgeheizten Ofen bei 220 °C braten. In der Zwischenzeit die übrige Sauce mit Maisstärke binden, auf eine Platte geben und die Taubenbrüste und -schenkel darauf anrichten. Mit Bohnenpüree servieren.

Rezepte aus dem Restaurant »Caino« in Montemerano, Tel. (0564) 602817

Rezepte für den Monat September

Pici mit Petersilie

ZUTATEN *Für 4 Personen*

250 g Mehl
150 ml Wasser
2 EL Olivenöl extra vergine
1 Ei, verquirlt
1 TL Salz
Petersilie, gehackt

In der eleganten Gaststube des Ristorante »La Chiusa« werden die Nudeln mit Spinat mit flinken Händen binnen weniger Minuten direkt vor den Augen der Gäste zubereitet. Zu Hause gelingt das Rezept zunächst meist nicht so mühelos. Vielleicht finden Sie aber in einem Fachgeschäft für italienische Speisen bereits fertige Pici. Eine Besonderheit ist auch der Wein, ein Brunello di Montalcino, Jahrgang 1993, aus dem Val di Cava. Das Mehl auf die Arbeitsplatte geben und eine Mulde hineindrücken. Wasser, 1 Esslöffel Öl, Ei und Salz dazugeben und alles rasch von der Mitte her mit einer Gabel vermengen und zu einem Teig verkneten. Den Teig zu einer ca. 40 cm langen und 3 cm dicken Platte ausrollen und in 1 cm lange Streifen schneiden. Jeden Streifen mit einer Hand fest halten und mit der anderen zu einem langen, dünnen Nudelfaden ausziehen. Die Nudeln in Mehl wälzen und an einem kühlen Ort ruhen lassen. Die Pici in reichlich Salzwasser kochen. Abgießen, mit dem restlichen Olivenöl beträufeln und mit Petersilie bestreut auf vorgewärmten Tellern servieren.

Gefüllter Entenhals

ZUTATEN *Für 4 Personen*

Sauce:
2 hart gekochte Eier, gehackt
250 ml Olivenöl extra vergine
50 g alter Pecorino, gerieben
1 Bund Petersilie, gehackt
Salz
frisch gemahlener Pfeffer

1 Enten- oder Gänsehals
1 altbackenes Brötchen
1/2 Tasse Milch
20 g Pistazien
2 Hühnerlebern
200 g Kalbshack
1 Eigelb
1 Bund Petersilie, gehackt
1 Knoblauchzehe, gehackt
20 g geriebener Parmesan
Salz, Pfeffer
1 Bund Suppengrün

Gänse, einst typische Haustiere, gibt es heute nur noch zu besonderen Gelegenheiten. Noch seltener ist der Gänsehals geworden, ganz besonders auf den Speisekarten der Restaurants. Zuweilen findet man Enten- oder Gänsehälse noch dort, wo das Geflügel nicht aus Massentierhaltung stammt. Mit Käsesauce und frischem Gemüse wird aus dem Armeleuteessen ein Festmahl, zu dem ein Nobile di Montepulciano, Jahrgang 1996, von Avignonesi hervorragend passt.
Für die Sauce die hart gekochten Eier in einer Schüssel mit Öl, Pecorino, Petersilie und Salz kräftig verrühren, sodass eine cremige Masse entsteht. Mit frisch gemahlenem Pfeffer würzen. Den Entenhals mit einer Pinzette rupfen, waschen und vollständig leeren (Sie können auch einen küchenfertigen Hals beim Händler bestellen). Brot in der Milch einweichen und mit einer Gabel gut zerkleinern. Die Pistazien 10 Minuten in warmem Wasser einweichen und schälen. Die Lebern mit einer Gabel zerdrücken, mit dem Kalbshack mischen. Die übrigen Zutaten zufügen, alles gut mischen, salzen und pfeffern. Den Hals mit der Masse füllen, die Enden mit Küchengarn zunähen. Damit die Füllung nicht auslaufen kann, den Hals in ein Baumwolltuch einschlagen und die Enden zubinden. Den Hals in einen Topf mit kaltem Wasser legen, Suppengrün einlegen und zum Kochen bringen. 20 Minuten köcheln lassen. Vom Herd nehmen und den Hals in der Kochflüssigkeit abkühlen lassen. Den Entenhals auf ein Hackbrett legen und ca. 1 Stunde mit einem Gewicht beschwert ruhen lassen. In 1 cm dicke Scheiben schneiden und mit der Käsesauce servieren.

Rezepte aus dem Restaurant »La Chiusa«, Montefollonico (Siena), Tel.: (0577) 669668

Rezepte für den Monat Oktober

Brokkoli-Kohl-Auflauf mit Basilikumsauce

ZUTATEN *Für 8 Personen*

200 g Brokkoli
200 g Weißkohl
1/4 l Béchamelsauce
2 Eier
60 g Parmesan
2 Knoblauchzehen, zerdrückt
Muskat, Salz, Pfeffer

Sauce:
1/4 l Gemüsebrühe
100 g Basilikum
50 g Spinat
1 EL Olivenöl extra vergine
1 Trüffel, hauchdünn geschnitten

Nachdem Paola und Marco ihre Liebe zum Kochen entdeckt hatten, verbrachten sie rund acht Jahre im Ausland, um verschiedene Kochkulturen kennen zu lernen. Im »Oroscopo« haben sie ihren Traum verwirklicht und setzen ihre vielfältigen Erfahrungen um. Sie haben einen eigenen, sehr persönlichen Stil kreiert: Paola kocht aus schlichten Zutaten wie Brokkoli oder Kohl raffinierte Gerichte Marco pflegt seine Begeisterung für Weine und serviert zum Essen einen Bianco di Montevertine von Sergio Manetti.

Brokkoli und Kohl in reichlich Salzwasser kochen, gut abtropfen lassen und fein hacken. Die Gemüse mit der Béchamelsauce, Eiern, Parmesan und Knoblauch mischen und mit Muskat, Salz und Pfeffer würzen. Alles gut vermengen, in vier Portionsförmchen füllen und im Ofen bei 180 °C etwa 20 Minuten im Wasserbad stocken lassen. In der Zwischenzeit die Brühe in einem Topf erhitzen. Sobald sie zu kochen beginnt, Basilikum und Spinat zufügen. 3 bis 4 Minuten kochen, gut auspressen und alles im Mixer mit etwas Öl pürieren. Die Sauce auf Teller verteilen, den Auflauf in die Mitte stürzen und mit Trüffelscheiben garnieren.

Lasagne mit Minze, Steinpilzen und Pecorinocreme

ZUTATEN *Für 4 Personen*

300 g Mehl
4 Eier
Salz
10 g Minze, fein gehackt

2 Knoblauchzehen, gehackt
Olivenöl extra vergine
300 g Steinpilze, geputzt
1/2 Glas Weißwein
10 g Petersilie, gehackt

100 ml Milch
200 g Pecorino, gehobelt
Salz

Diese Lasagne lässt sich wesentlich leichter herstellen als etwa Ravioli, und das Ergebnis beweist, dass mit Liebe und Einfallsreichtum wirklich neue, kreative Gerichte entstehen können. Trinken Sie zum Essen einen Chardonnay von Avignonesi.

Mehl, Eier und Salz zu einem Teig verarbeiten. Den Teig in acht Kugeln aufteilen und jede zu einer ca. 20 cm großen Platte ausrollen. Den Teig beim Ausrollen mit Minze bestreuen. Den Knoblauch im Öl anbraten. In dünne Scheiben geschnittene Pilze zufügen und zugedeckt 5 bis 6 Minuten dünsten. Mit Wein ablöschen und mit Petersilie bestreuen. Für die Creme die Milch erwärmen und den Pecorino darin schmelzen. Die Creme durch ein Sieb passieren. Lasagne in reichlich Salzwasser al dente kochen. Etwas Pecorinocreme auf jedem Teller verteilen, eine Nudelplatte darauflegen und mit Steinpilzfarce bedecken. Den Vorgang wiederholen, bis alle Zutaten aufgebraucht sind.

Gedünstete Steinpilze in Zucchini-Lauch-Sauce

ZUTATEN *Für 4 Personen*

4 feste Steinpilze, geputzt
Olivenöl extra vergine
Salz
1/4 l Gemüsebrühe
300 g Zucchinischale
2 Knoblauchzehen
20 g Petersilie
200 g Porree
1 Trüffel, hauchdünn geschnitten

Zu dieser Jahreszeit stehen überall in der Toskana Steinpilze auf der Karte. Paola serviert uns ein weiteres ihrer innovativen Gerichte und empfiehlt dazu einen Vernaccia di San Gimignano von Teruzzi & Puthod.

Die Pilze im Ganzen 6 bis 8 Minuten in etwas Öl dünsten, zum Schluss salzen. Für die Sauce die Brühe kalt, mit allen Zutaten außer dem Porree, aufsetzen, salzen und ca. 5 Minuten kochen. Im Mixer pürieren. Den Porree in Ringe schneiden und 3 bis 4 Minuten dünsten. Sauce auf Teller verteilen, die der Länge nach halbierten Pilze darauf anrichten und mit Lauch und Trüffeln garnieren.

Rezepte aus dem Restaurant »L'Oroscopo« in Sansepolcro, Via Togliatti 68, Tel. (0575) 734875

Rezepte für den Monat November

Hähnchenflügel in Butter

ZUTATEN *Für 4 Personen*

4 Hähnchenflügel
Salz
50 g Mehl
200 g Butter

So gut wie im »Sostanza« schmecken Hähnchenflügel nirgendwo sonst. In der Küche steht Giacomo am Herd, Siliano, Nicola und Fosco bedienen an den ehrwürdigen Marmortischen, an denen schon viele berühmte Persönlichkeiten aus aller Welt Platz genommen haben. Wie in alten Zeiten wird zum Essen ein einfacher Hauswein, in diesem Fall ein roter Chianti DOC, serviert.

Hähnchenflügel waschen und trockentupfen, salzen, in Mehl wenden und auf höchster Stufe am besten in einer leichten Aluminiumpfanne in der Butter braten. Sobald sie von allen Seiten braun und knusprig sind, herausnehmen und sofort mit der gebräunten Butter und dem Bratensaft servieren.

Rezept aus der Trattoria Sostanza »Il Troia« in Florenz, Via Porcellana 25/r, Tel. (055) 212691

Rübenauflauf auf Bohnencreme

ZUTATEN *Für 4 Personen*

1 kg weiße Rüben, geschält
1 Ei
100 ml Milch
2 Knoblauchzehen, gehackt
6 Salbeiblätter
1 Rosmarinzweig
Olivenöl extra vergine
100 g Tomaten, gehäutet und gehackt
Salz
200 g weiße Bohnen, gekocht
8 Scheiben Brot, geröstet

Delfina hat ihre Lieblingszutaten stets von den Wiesen und Feldern in ihrer direkten Umgebung bezogen. Gemüse und Kräuter, ob aus eigenem Anbau oder wild, bilden die Grundlage ihrer Gerichte. Sie bereitet traditionelle, schlichte Speisen zu, die nicht viel Aufwand erfordern. Selbst aus Rüben und Bohnen zaubert sie kulinarische Köstlichkeiten. Zu diesem Auflauf passt ein Vin Ruspo, Jahrgang 98, aus der Fattoria di Artimino.

Die Rüben in Salzwasser kochen, abtropfen lassen und pürieren. Das Püree mit Ei und Milch verrühren und in gefettete Portionsförmchen füllen und im Ofen im Wasserbad etwa 30 Minuten garen. Inzwischen Knoblauch, Salbei und Rosmarin in Öl anbraten, Tomaten dazugeben, salzen und einige Minuten köcheln lassen. Die gekochten Bohnen zufügen, mit dem Pürierstab zerkleinern und 10 Minuten köcheln lassen. Den Rübenauflauf auf Teller mit etwas Bohnencreme stürzen. Dazu geröstetes Weißbrot reichen.

Rezept aus dem Restaurant »Da Delfina« in Artimino (Carmignano), Tel. (055) 8718074

Grüne Gnocchetti mit Kohl und Trüffeln

ZUTATEN *Für 4 Personen*

1 kg mehlig kochende Kartoffeln
100 g Spinat, gekocht und im Mixer püriert
2 Eier
Salz
100 g Mehl
1 Zwiebel, fein gehackt
Olivenöl extra vergine
500 g Wirsing, geputzt und in schmale Streifen geschnitten
1/2 Glas Weißwein
Pfeffer
1 Glas Wasser
50 g Butter
15 g Sommertrüffel, gehobelt

Gnocchi gab es schon lange vor den Nudeln. In der Toskana kamen die Klößchen aus Maismehl und Kartoffeln jedoch erst zu Ende des 18. Jahrhunderts auf. Es kommt bei der Zubereitung sehr auf die Qualität der Kartoffeln an, außerdem sollte man so wenig Mehl wie möglich verwenden, weil die Gnocchi sonst zäh werden. Dazu passt ein Chardonnay Le Gran von Caparzo aus Montalcino.

Die Kartoffeln waschen und mit der Schale kochen, noch warm schälen und durch die Kartoffelpresse drücken. Mit Spinat, Eiern, Salz und Mehl zu einem glatten Teig verarbeiten. Mit bemehlten Händen fingerdicke Rollen formen und diese in 2 cm lange Stücke schneiden. Die Zwiebeln im Öl anbraten, Wirsing zufügen und 15 Minuten dünsten. Mit dem Wein ablöschen, salzen und pfeffern. Das Wasser zugeben und fertig garen. Die Butter in einer Pfanne schmelzen und mit dem Wirsing mischen. Die Gnocchi in kochendes Salzwasser geben. Sobald sie nach oben steigen, mit dem Schaumlöffel herausnehmen, in die Pfanne füllen und nach Geschmack mit gehobelten Trüffeln bestreuen.

Rezept aus dem Restaurant »Daniela« in S. Casciano dei Bagni (Siena), Piazza Matteotti, Tel. (0578) 58041

Rezepte für den Monat Dezember

Gelbes Paprikapüree

ZUTATEN *Für 8 Personen*

1 rote Zwiebel
1 Scheibe Sellerie
1 Möhre
Olivenöl extra vergine
4 gelbe Paprika
4 mittelgroße Kartoffeln
Salz
Fleischbrühe
1 Tasse Milch
2 Lorbeerblätter

Ich schreibe das Rezept aus Benedetta Vitalis Buch »Cibreo ricette« nicht wörtlich ab, doch möchte ich unbedingt auf zwei Ratschläge hinweisen, die Benedetta zum Zerkleinern der Zutaten und zu den Kochgeräten gibt. Kräuter hackt sie grundsätzlich nur mit Wiegemesser und Messer, niemals mit automatischen Zerkleinerern. Außerdem verwendet sie ausschließlich Töpfe und Pfannen aus Aluminium oder Kupfer, niemals solche aus Edelstahl oder anderen Materialien. Fabio Picchi empfiehlt zum Paprikapüree einen Traminer aus der Casa Antinori.

Zwiebel, Sellerie und Möhre fein hacken. Alles mit dem Öl in einen Topf geben und leicht anschwitzen, bis die Zwiebel eine goldgelbe Färbung annimmt. Die Paprikaschoten putzen, die Kartoffeln schälen, waschen und mit den Paprika in größere Stücke schneiden. In die Pfanne zum Gemüse geben, salzen und kurz mitdünsten. So viel Fleischbrühe hinzugeben, dass das Gemüse gerade bedeckt ist. Zugedeckt 20 bis 25 Minuten köcheln lassen. Wenn die Kartoffeln gar sind, alles im Mixer fein pürieren. In den Topf zurückgeben, Milch unterrühren, Lorbeerblätter zufügen und die Masse einmal aufkochen lassen. Das Püree vom Herd nehmen und mit Salz abschmecken. Die Lorbeerblätter vor dem Servieren entfernen. Fügen Sie vor dem Servieren einen Spritzer Öl hinzu und reichen Sie geröstetes Brot dazu.

Gefülltes Kaninchen

ZUTATEN *Für 6 Personen*

300 g Rinderhack
½ Tasse Milch
1 altbackenes Brötchen
80 g geriebener Parmesan
4 Eier
Salz, Pfeffer
Muskat
1 Handvoll Petersilie, fein gehackt
1 ausgelöstes Kaninchen
5 Frühlingszwiebeln
3 Scheiben milder roher Schinken
100 ml Olivenöl extra vergine
1 Glas Rotwein

Lassen Sie das Kaninchen am besten vom Metzger auslösen. Zum Gelingen benötigen Sie außerdem noch Küchengarn, Zahnstocher und etwas Geduld. Auch zu diesem Gericht passt ein Wein aus dem Chianti. Fabio Picchi empfiehlt einen Pergole Torte von Manetti.

Für die Füllung das Hackfleisch mit dem in Milch eingeweichten Brötchen, dem Parmesan, einem Ei, Salz, Pfeffer und etwas Muskat verkneten. Die übrigen Eier verquirlen, Salz und Petersilie zufügen und ein weiches Omelett backen. Das Kaninchenfleisch auf ein großes Küchenbrett legen und zunächst mit der Hackfleischmischung, anschließend mit dem in Würfel geschnittenen Omelett füllen. Zum Schluss folgen die Frühlingszwiebeln, die zuvor fünf Minuten in kochendem Wasser gezogen haben. Die überlappenden Fleischteile über die Füllung schlagen und mit Zahnstochern so fixieren, dass das gefüllte Kaninchen ca. 12 Zentimeter dick ist. Den Braten mit den Schinkenscheiben bedecken, mit Küchengarn binden und die Hölzchen wieder entfernen. Das Kaninchen mit dem Öl in einen Bräter geben und bei 200 °C unter gelegentlichem Wenden im Ofen in ca. 1¼ Stunden fertig braten, dabei mehrfach mit Rotwein übergießen. Achten Sie darauf, dass die Bratflüssigkeit nicht zu stark einkocht. Das Fleisch vor dem Servieren mit etwas Bratenfond übergießen.

Rezepte aus dem Restaurant »Il Cibreo«, Florenz, Via dei Macci 118r, Tel. (055) 2341100

Rezepte für den Monat Januar

Pappardelle mit Hasenragout

ZUTATEN *Für 8 Personen*

1 küchenfertig zerteilter Hase
1 Zwiebel
1 Möhre
1 Scheibe Sellerie
2 Lorbeerblätter
Pfefferkörner
1 l Rotwein
100 ml Olivenöl extra vergine
Salz
Fleischbrühe
600 g Papardelle
40 g Butter

In der »Villa Belvedere« wird dieses alte etruskische Gericht noch nach dem Originalrezept ohne die sonst üblichen Tomaten zubereitet. Am besten schmeckt dazu ein Nobile di Montepulciano.

Das Fleisch mindestens 12 Stunden mit je einer halben Zwiebel, Möhre und Selleriescheibe sowie Lorbeer und Pfefferkörnern in Rotwein einlegen. Aus der Marinade nehmen und mit Küchenkrepp trockentupfen. Zwiebeln, Möhre und Sellerie fein hacken und mit Öl in einen Bräter geben. Das Fleisch zufügen, alles anbraten und würzen. Nach und nach etwas Marinadenflüssigkeit zugeben und reduzieren, zum Schluss die Fleischbrühe zufügen und zum Kochen bringen. Wenn das Kaninchen gar ist, die Knochen entfernen und das Fleisch mit den Händen in größere Stücke zerteilen. Für einige Minuten im Saft schmoren lassen, bis die Sauce leicht sämig wird. Die Pasta al dente kochen, durch einen Durchschlag abgießen, in Butter schwenken und mit dem Hasenragout servieren.

Wildschwein mit Polenta

ZUTATEN *Für 6 Personen*

1 kg Wildschweinkeule in
2 cm großen Stücken
1/2 l Rotwein
2 EL Weinessig
8 Salbeiblätter
2 Lorbeerblätter
1 Rosmarinzweig
3 Knoblauchzehen
3 Wacholderbeeren
einige Pfefferkörner
Salz, Pfeffer
100 ml Olivenöl extra vergine
100 g Butter
1 Zwiebel
1 Möhre
1 Scheibe Sellerie
800 g geschälte, entkernte Tomaten
1 Peperoncino
Fleischbrühe

Wildschweingerichte erfordern viel Aufmerksamkeit und vor allem Fleisch von guter Qualität. Kaufen Sie Fleisch von möglichst jungen Tieren bei einem Händler Ihres Vertrauens. In diesem Rezept verwendet Daniele Conti, Küchenchef des Restaurants der »Villa Belvedere«, eine in der Toskana eher unübliche Zutat, nämlich Butter, die das Fleisch zarter macht und ihm etwas von seinem aggressiven Aroma nimmt. Ein Brunello di Montalcino rundet den Geschmack hervorragend ab.

Das Fleisch mit dem Rotwein, Essig, Salbei, Lorbeer, Rosmarin, Knoblauch, 3 Wacholderbeeren und Pfefferkörnern mischen und mindestens 12 Stunden marinieren. Das Fleisch aus der Marinade nehmen und trockentupfen. Salzen und pfeffern und in einem Teil des Öls und der Butter anbraten. Nach und nach etwas Marinadenflüssigkeit zufügen und reduzieren. Diesen Vorgang mindestens zweimal wiederholen. Zwiebel, Möhre und Sellerie hacken, mit der übrigen Butter und dem restlichen Öl mischen und anschwitzen. Die Tomaten und den fein gehackten Peperoncino dazugeben und kurz aufkochen. Das Wildschweinragout hineingeben und alles 1 Stunde köcheln lassen. Dazu schmecken geröstete Polentascheiben.

Rezepte aus dem Hotelrestaurant »Villa Belvedere«, Colle Val d'Elsa. Località Belvedere, Tel. (0577) 920966

Rezepte für den Monat Februar

Fischsuppe alla Marinara

ZUTATEN *Für 4 Personen*

4 Knoblauchzehen, gehackt
1 Peperoncino, gehackt
Olivenöl extra vergine
4 Scampi
12 Miesmuscheln
12 Venusmuscheln
4 Pfeilkalmare
8 Riesengarnelenschwänze
8 Scheiben Seeteufel
Salz
1 l trockener Weißwein
1 Hand voll Petersilie, gehackt
8 Scheiben Brot, geröstet und mit Knoblauch abgerieben

Lassen Sie für Fischgerichte den Fisch grundsätzlich beim Händler säubern und küchenfertig vorbereiten. Die Zubereitung dieser Suppe ist so einfach, dass manch einer vielleicht am Geschmack zweifelt. Dennoch schmecken die schlichtesten Gerichte oft am besten. Dazu passt ausgezeichnet ein Candia von den Ausläufern der Alpi Apuane.

Knoblauch und Peperoncino mit Öl in einem großen Topf anbraten. Alle Meeresfrüchte und den Fisch hinzufügen, salzen und mit Weißwein bedecken. 10 Minuten köcheln lassen. Die Suppe mit Petersilie bestreuen und mit dem Röstbrot servieren.

Rezept aus dem Restaurant »Orsa Maggiore«, Forte dei Marmi, Via Arenile 29, Tel. (0584) 82219

Spinatroulade

ZUTATEN *Für 4 Personen*

Teig:
500 g Kartoffeln
150 g Mehl
1 Ei
Salz

Füllung:
250 g Spinat, frisch gekocht
2 EL Butter
je 50 g Parmigiano Reggiano (Parmesan) und Romano (Schafshartkäse), gerieben
200 g Ricotta
1 Ei
Muskat, Salz, Pfeffer,

Tomatensauce
geriebener Parmesan

Für dieses Rezept benötigen Sie die Liebe und Geduld einer echten italienischen Mamma, doch das Ergebnis verwandelt den häuslichen Tisch in ein Fünfsternerestaurant. Zu diesem Gericht empfiehlt Michele einen Palistorti di Valgiano aus der Provinz Lucca.

Die Kartoffeln gar kochen, schälen, durch eine Kartoffelpresse drücken und mit Mehl, Ei und Salz vermischen. Den Kartoffelteig auf einem Küchentuch zu einem ca. 1,5 cm dicken Rechteck ausziehen. Den Spinat mit etwas Butter in einem Topf andünsten und alle übrigen, bereits vermischten Zutaten zufügen. Die Mischung auf dem vorbereiteten Teigrechteck verteilen und dieses mit Hilfe des Küchentuchs aufrollen. Die Ränder des Küchentuchs wie bei einem Bonbon mit Küchengarn binden. Die Roulade 25 Minuten mit dem Handtuch in kochendem Wasser garen, vorsichtig herausnehmen und abkühlen lassen. Das Handtuch entfernen und die Roulade in etwa 1 Zentimeter dicke Scheiben schneiden. In eine feuerfeste Form legen, mit Tomatensauce übergießen, mit Parmesan bestreuen und einige Minuten im heißen Ofen überbacken.

Reis-Karamell-Torte

ZUTATEN *Für 6 Personen*

120 g Rundkornreis
1 l Milch
200 g Zucker für den Karamell
6 Eier, getrennt
250 g Zucker
abgeriebene Schale von 1 Zitrone
250 g Sahne

Den Reis in der Milch gar kochen und erkalten lassen (am besten über Nacht). Den Zucker zu Karamell kochen und in eine Springform gießen. Erkalten lassen und den Milchreis darüber verteilen. Die Eigelbe mit dem Zucker und der Zitronenschale schaumig rühren, Sahne zufügen. Zum Schluss das steif geschlagene Eiweiß unterziehen. Die Masse auf dem Reis verteilen. Alles bei 200 °C 1 Stunde im Ofen backen. Sobald die Torte braun wird, den Rand mit einer Messerklinge vorsichtig lösen und weitere 5 Minuten backen. Gut gekühlt servieren. Eine Köstlichkeit, die leicht gelingt und an die Kindertage bei Großvater und Großmutter erinnert.

Rezepte aus dem Restaurant »Enoteca Marcucci«, Pietrasanta, Via Garibaldi 40, Tel. (0584) 791962

März *Über Hügel und verzauberte Dörfer von Florenz nach Siena*

1. Tag – Samstag

Folgen Sie von Florenz aus der Straße nach Fiesole. Etwa auf halber Höhe des Hügels, direkt an der letzten großen Kurve, bevor man die Piazza von Fiesole erreicht, öffnet sich das Tor zur **Villa Bencistà**, die inmitten eines prächtigen Gartens mit Blick auf die Stadt liegt.

Richten Sie sich in einem der hübschen Zimmer gemütlich ein und gehen Sie anschließend zum Essen. Die obligatorische Halbpension wird Ihnen sicher nicht lästig sein, da Sie ungezwungen und weniger wie ein Gast, sondern eher wie ein alter Freund des Hauses bewirtet werden.

Villa Bencistà
Via Benedetto da Maiano 4
Località San Domenico
Fiesole
Tel. und Fax (055) 59163

2. Tag – Sonntag

Noch halten sich relativ wenige Touristen in der Gegend auf. Nutzen Sie die Gunst der Stunde und verbringen Sie einen Tag in der Stadt. Besichtigen Sie einen der vielen Schätze, die Florenz zu bieten hat, zum Beispiel den **Museo del Bargello**. Das Museum ist in einem der ältesten Häuser der Stadt untergebracht, das einst als städtisches Gefängnis diente. Heute befindet sich hier eines der bedeutendsten Museen der Welt mit einer außergewöhnlichen Sammlung von Renaissance-Skulpturen. Marmorstatuen und Bronzen von Donatello, Brunelleschi, Giambologna, frühe Stücke von Michelangelo, Werke von Cellini und Luca della Robbia füllen die Säle. Hinzu kommt eine sehenswerte Sammlung von Waffen, Majolika-Kacheln, Wandteppichen, Schränken, Gläsern, Möbelstücken und Gemälden.

Museo del Bargello
Via del Proconsolo 4
Tel. (055) 23885606
8.30–13.50 Uhr;
1., 3., 5. Sonntag,
2. und 4. Montag im
Monat geschl.

Legen Sie nach der Besichtigung eine Pause in der **Enoteca Boccadama** auf der nahe gelegenen Piazza Santa Croce ein. Dort erhalten Sie neben hervorragenden Weinen auch ausgezeichnete Salami, Käse und exquisite warme Gerichte.

Enoteca Boccadama
Piazza Santa Croce 25/26,
Tel. (055) 243640
Mo abends geschl.

Spazieren Sie anschließend zur Piazza della Signoria, die mitten im historischen Zentrum liegt. Schlendern Sie an den zahlreichen im Freien ausgestellten Kunstwerken vorbei zum **Palazzo Vecchio**. Der elegante schlanke Turm bildet einen gelungenen Kontrast zur strengen Fassade des Palazzo, der zweifellos zu den eindrucksvollsten mittelalterlichen Gebäuden Italiens gehört. Hier hatte die Kommunalregierung ihren Sitz. Als Florenz im 19. Jahrhundert zeitweilig Hauptstadt des Königreichs Italien war, tagten hier die Abgeordneten, danach diente das Gebäude als Rathaus. Durch den von Michelozzo umgebauten Hof aus dem 15. Jahrhundert gelangt man ins erste Stockwerk mit den Palasträumen und dem Ratssaal der Fünfhundert. Der zweite Stock beherbergt die Gemächer Eleonoras von Toledo mit der wunderbaren, von Bronzino gestalteten Kapelle. Der Audienzsaal und der Liliensaal sind besonders sehenswert.

Palazzo Vecchio
Piazza della Signoria
Tel. (055) 2768325
9–19 Uhr; Do 9–14 Uhr

Nach dem Verlassen des Palastes gehen Sie durch die Via Calzaiuoli zur nahe gelegenen Piazza della Repubblica. Hier, im eleganten, meist stark belebten Zentrum der Altstadt, befindet sich das Caffè delle Giubbe Rosse, eines der berühmtesten Kaffeehäuser Italiens, in dem viele bedeutende Persönlichkeiten verkehrten. Im 20. Jahrhundert war es ein beliebter Treffpunkt für Schriftsteller und andere Intellektuelle. Eine Pause sollten Sie sich allerdings lieber an der Piazza Strozzi gönnen, wo Sie im Wintergarten des **Hotel Helvetia-Bristol** in romantischer Atmosphäre einen Tee oder Kaffee trinken können. Kehren Sie zum Abendessen ins Hotel zurück.

Hotel Helvetia-Bristol
Via dei Pescioni 2
Tel. (055) 287814

3. Tag – Montag
Florenz – Fiesole – Settignano – Asciano – Monte Oliveto Maggiore – Bagno Vignoni

Werfen Sie von einer der Terrassen der Villa Bencistà einen letzten Blick auf Florenz und fahren Sie anschließend auf der kurvigen Straße nach Fiesole. Die Etruskerstadt und römische Kolonie sah von ihrem Hügel aus Florenz wachsen. Obwohl sie heute eher zu den kleinen Orten gehört, strahlt sie noch den Stolz antiker Städte aus.

Hinter der Piazza Mino da Fiesole erinnert das **Archäologische Museum** an die glorreiche Vergangenheit. Das nur wenige Schritte entfernte **Römische Theater** ist so gut erhalten, dass hier im Sommer noch regelmäßig Aufführungen stattfinden. Zu Fuß können Sie von hier aus zum Kloster San Francesco, dem am höchsten gelegenen Gebäude der Stadt, laufen. Aus luftiger Höhe überblickt man von hier Fiesole.

Römisches Theater und Archäologisches Museum
Via Portigiani 1
Fiesole
Tel. (055) 59477
Winter: 9.30–17 Uhr; Sommer: 9.30–19 Uhr, Di geschl.

Wenn Sie von Fiesole in Richtung Bosconi weiterfahren, kommen Sie zur Straße nach Vincigliata: Auf dem Kamm und an den Hängen des Hügels liegen Villen und Burgen im Grünen. In Montebeni fällt die Straße dann rasch nach unten ab, wobei immer neue reizvolle Blicke auf Florenz frei werden. Innerhalb weniger Minuten erreichen Sie Settignano. Besichtigen Sie zunächst den Park der **Villa Gamberaia**, der zu den romantischsten Villengärten der Toskana gehört. Der gesamte Teil östlicher Florentiner Hügel galt schon immer als besonders schön. Der Dichter Gabriele d'Annunzio wählte die von Olivenbäumen gesprenkelte Landschaft, die sich sanft zur Stadt hin neigt, als Domizil. Er lebte in der berühmten Villa della Capponcina, die noch immer existiert.

Villa Gamberaia
Via del Rossellino 72
Settignano
Tel. (055) 697205
9–17 Uhr; So nach Vereinbarung

Auf und ab führt der Weg zum Piazzale Michelangelo, der letzten und wichtigsten Etappe, die fast in Reichweite zu Florenz liegt.

Heute sollten Sie sich beim Mittagessen nicht auf einen Imbiss beschränken: Bevor Sie Florenz ganz verlassen, lockt die **Trattoria Pandemonio** an der Porta Romana mitten im Viertel San Frediano auf der anderen Seite des Arno mit echter Florentiner Küche. Am Nachmittag fahren Sie auf der Autobahn nach Siena. Biegen Sie dort Richtung Arezzo ab und setzen Sie Ihren Weg bis nach Asciano fort. Sie befinden sich jetzt in der Region der Crete Senesi, einer eigentümlich kargen Landschaft, die auf den ersten Blick monoton wirkt, jedoch zu jeder Stunde und Jahreszeit ihre Farbe und ihr Aussehen wechselt. Sie zählt zu den beliebtesten Fotomotiven der Toskana.

Trattoria Pandemonio
Via del Leone 50/r
Florenz
Tel. (055) 224002
So geschl.

Fahren Sie von Asciano in Richtung **Monte Oliveto**. Ein Zypressenhain taucht plötzlich auf, ein schwarzes Dickicht, das den Blick auf die Crete verstellt. Inmitten dieses Waldes sticht das rote Dach des Klosters **Monte Oliveto Maggiore** hervor. An diesem Ort der inneren Einkehr bieten die Mönche Unterkünfte an und verkaufen unter anderem seltene Bücher und Produkte aus dem hauseigenen Kräutergarten.

Im Innern des Gebäudes besticht das wunderschöne Refektorium. Der große Kreuzgang ist mit Fresken von Sodoma und Signorelli verziert, die das Leben des Ordensgründers, des hl. Benedikt, erzählen. Weiter geht es in Richtung Buonconvento. Über die alte Straße, die einst von Rom nach Siena führte, erreichen Sie Bagno Vignoni, einen Ortsteil von San Quirico d'Orcia.

Abbazia di Monte Oliveto Maggiore
Chiusure
Asciano
Tel. (0577) 707611
9–12 und 15–17 Uhr

Im 14. Jahrhundert errichteten die Seneser rund um die große Thermalquelle mit dem 52 °C warmen Wasser ein Dorf, dessen ursprüngliche Struktur weitgehend erhalten blieb. Dort, wo einst Gichtkranke ins dampfende Wasser stiegen, befindet sich heute die Piazza. Berühmte Persönlichkeiten wie Lorenzo der Prächtige, Pius II. und Katharina von Siena, nach der die Loggia am Platz benannt ist, besuchten den Ort mit dem heilenden Wasser. Heute wird es in das Schwimmbecken einer Kuranlage geleitet. Die Gäste des berühmten Hotels **Posta Marcucci** können hier zu jeder Tages- und Jahreszeit ein

Hotel Posta Marcucci
Via Ara Urcea 43
Bagno Vignoni
Tel. (0577) 887112
Fax (0577) 887119

erfrischendes Bad nehmen. Wenn Ihnen vor dem Abendessen nicht genügend Zeit bleibt, sollten Sie die Gelegenheit zu einem Bad unbedingt am nächsten Morgen gleich nach dem Aufstehen nutzen.

4. Tag – Dienstag Bagno Vignoni – Chiusi – Cetona – Monticchiello – Bagno Vignoni

Haben Sie morgens noch Lust auf einen Abstecher ins Thermalbad? Anschließend sollten Sie jedenfalls von Bagno Vignoni in Richtung Siena aufbrechen, bis Sie die Abfahrt nach Chianciano erreichen. Von hier geht es weiter nach Chiusi.

Die Stadt blickt von einer Anhöhe auf eine liebliche grüne Landschaft mit großen Sonnenblumenfeldern, die die Toskana im Juli in das für diese Jahreszeit typische leuchtende Gelb tauchen. Chiusi ist heute ein ruhiger Ort und erinnert kaum noch an seine frühere Position als bedeutendste etruskische Stadt. Ihr König Porsenna konnte einst sogar Rom die Stirn bieten.

Das **Etruskische Nationalmuseum** zeigt in klarer und didaktisch gut aufbereiteter Form einen echten Schatz an Fundstücken aus der Zeit der Römer und Etrusker. Man sollte sich vor Augen halten, dass die Kultur der Etrusker älter ist als die der Römer, um die eleganten Keramiken angemessen würdigen zu können, die auch auf zeitgenössischen Ausstellungen mithalten könnten. Mit einer einfachen, aber genialen Brenntechnik konnten die Etrusker aus schlichter Tonerde jene Bucchero-Vasen herstellen, die den Beinamen »Arme-Leute-Bronze« erhielten. Sie waren zwar weniger wertvoll als das Metall, leuchteten dafür aber genauso schön. Auch Kenner sehen oft erst auf den zweiten Blick, dass die Gefäße aus Ton gemacht sind.

Museo Archeologico Nazionale
Via Porsenna 17
Chiusi
Tel. (0578) 20177
9–20 Uhr

Vereinbaren Sie am Eingang des Museums einen Termin mit dem Führer, der Sie zu den Gräbern der Nekropole begleiten wird. Der Totenkult spielte bei den Etruskern eine wichtige Rolle, wie zahlreiche farbige Urnen im Museum belegen. Dienstags kann man die Tomba della Scimmia (Grab des Affen) mit ihrem wunderschönen Freskendekor besichtigen.

Wenn Sie Ihren Spaziergang durch die Nekropole beendet haben, sollten Sie unbedingt die Gelegenheit wahrnehmen und ins nahe gelegene Cetona fahren. Im Kloster San Franceso beginnt um diese Jahreszeit der berühmte Gemüsegarten der **Frateria di Padre Eligio** zu neuem Leben zu erwachen. Die Produkte aus dem Garten wandern in die Küche zu Bruder Walter, der daraus phantastische Gerichte zaubert.

Frateria di Padre Eligio – Kloster San Francesco
Cetona (Chiusi)
Tel. (0578) 238015

Lassen Sie sich nach dem Essen von einem der Jugendlichen durch das Kloster führen und genießen Sie den Frieden und die Schönheit der alten Gemäuer.

Danach geht es weiter in Richtung Chianciano und von dort aus nach Monticchiello. Sie befinden sich wieder in den Crete Senesi, den kargen, von kurvenreichen Straßen und Zypressenreihen unterbrochenen Hügeln. Machen Sie einen Rundgang durch das hübsche Dorf, das für seine sommerlichen Freilichtaufführungen bekannt ist, und kehren Sie anschließend nach Bagno Vignoni zurück. Wenn Sie Lust haben, können Sie ein weiteres Bad im heißen Wasser der Heilquelle nehmen.

Empfehlenswert ist zum Abendessen die **Osteria del Leone** am Hauptplatz – freuen Sie sich auf typisch toskanisches Essen! Ein Verdauungsspaziergang zum Portico di Santa Caterina bietet sich an. Im Dunkeln wirkt der Portico besonders schön, wenn der aus dem Wasser aufsteigende Dampf sich wie ein Schleier auf die Gebäude legt.

Osteria del Leone
Via dei Mulini 3
Bagno Vignoni
Tel. (0577) 887300
Mo geschl.

5. Tag – Mittwoch
Bagno Vignoni – Sant'Antimo – Montalcino – Pontignano – Colle Val d'Elsa

Verlassen Sie nach dem Frühstück das Hotel. Vielleicht möchten Sie vor der Abreise noch Mitbringsel in der nach Kräutern und Lavendel duftenden **Erboristeria Hortus Mirabilis** oder in der **Bottega del Cacio** einkaufen?

Hortus Mirabilis
Bagno Vignoni

Bottega del Cacio
Bagno Vignoni

Fahren Sie in Richtung Castiglione d'Orcia. Passieren Sie den Fuß der imposanten Rocca d'Orcia und folgen Sie der Straße, die auf den Amiata hinaufführt. Weiter geht es in Richtung Montalcino bis zur Abzweigung zum **Kloster Sant'Antimo**. Leider blieb von der Abtei, die einst zu den größten rund um Siena gehörte, nur die Kirche erhalten. Sie wurde angeblich von Karl dem Großen gegründet und steht in ihrer ganzen Pracht in einem dicht mit Olivenbäumen bewachsenen Tal. Ihre harmonische Architektur, die eine fromme Gesinnung ebenso wie handwerkliches Können widerspiegelt, ist bestechend schön. Noch reizvoller präsentiert sich das Innere: Der Stein leuchtet in klaren, warmen Farben und perfekt gemeißelte Kapitelle ergänzen das schlicht gehaltene Schiff. Das Gesamtwerk strahlt Vertrautheit aus wie ein seit langem bekannter Ort. Im Hintergrund ertönen leise gregorianische Gesänge und viele Besucher verlassen die Kirche bewegt und mit ein wenig Bedauern.

Abbazia di Sant'Antimo
Castelnuovo dell'Abate
Montalcino
Tel. (0577) 835659
Werktage 10.30–12.30 und 15–18.30 Uhr; Wochenende u. Feiertage 9–10.30 und 15–18 Uhr

Bevor Sie das Dorf Montalcino erreichen, das mit seinem guten Brunello Weinkenner in aller Welt erfreut, sollten Sie eine Pause in der **Taverna dei Barbi** einlegen, um dort zu essen und den Weinkeller der berühmten Winzerfamilie Barbi Colombini zu besichtigen. Wenn Sie das Probiermenü mit den vorgeschlagenen Hausweinen wählen lernen Sie eine gute Auswahl phantastischer Rotweine kennen, vom leichten Tischwein bis zur schweren Auslese.

Taverna dei Barbi
Podernuovi
Montalcino
Tel. (0577) 841200
Di abends und Mi geschl.

Nach einem kurzen Bummel durch das Zentrum und die Läden von Montalcino bietet sich ein Aufstieg zur Burg an, um den herrlichen weiten Ausblick über das Tal und die Weinberge zu genießen. In der Burg befindet sich die **Enoteca La Fortezza**, wo Sie gute Brunello-Weine und handwerkliche Produkte kaufen können.

La Fortezza
Piazzale Fortezza
Montalcino
Tel. (0577) 849211
Tägl. bis 18 Uhr

Fahren Sie über die Via Cassia nach Siena. Wählen Sie auf der Ringstraße, die rund um die Stadt führt, die Ausfahrt Siena Nord und setzen Sie Ihren Weg auf der Nationalstraße 222 Richtung Castellina in Chianti fort. Folgen Sie den Schildern nach Vagliagli-Corsignano bis zur Abzweigung nach Pontignano.

Die Reise endet in der alten **Kartause von Pontignano**, einer der größten des Großherzogtums Toskana, die seit ihrem Gründungsjahr 1343 zahlreiche Höhen und Tiefen erlebt hat. Immer wieder wurden hier Klöster erbaut, Mönchszellen instand gesetzt und Kapellen mit wertvollen Gemälden ausgeschmückt. Alle, ebenso wie die mit Fresken verzierte Kirche, wurden erst von Großherzog Leopold und später den napoleonischen Truppen zerstört. Lange Zeit blieb die Kartause verlassen, aber seit einigen Jahren gehört sie zur Universität Siena, die sie zu einem der besterhaltenen und interessantesten Architekturdenkmäler im Chianti machte. Die Universität, die dort auch Gästezimmer anbietet, veranstaltet in diesem einzigartigen Rahmen regelmäßig Kongresse und Tagungen.

Certosa di Pontignano
Pontignano
Siena
Tel. (0577) 356900

Über die Schnellstraße Siena–Florenz gelangen Sie nach Colle Val d'Elsa. Kurz vor dem Ortseingang befindet sich das **Hotel Relais della Rovere**. Die ehemalige Abtei und Papstresidenz wurde liebevoll zum Hotel umgebaut, behielt aber ihren alten Glanz und Charme bei. Hier verbringen Sie die letzte Nacht, eingeleitet durch ein Abendessen im Kardinalskeller. Das an das Hotel angeschlossene Restaurant verwöhnt Sie noch einmal mit typischen Gerichten der Region.

Hotel Relais della Rovere
Via Piemonte 10
Colle Val d'Elsa
Tel. (0577) 924696
Fax (0577) 924489

April *Friedvolles Osterfest fernab von Menschenmassen*

1. Tag – Donnerstag

Es ist Frühling und zu Ostern reisen viele Touristen in die Toskana, weshalb es an den bekanntesten Orten meist laut und überfüllt ist. Wer einen ruhigen Urlaub verbringen möchte, mietet sich in einem Privathaus ein, verbringt den Tag gemütlich und entspannt und nutzt das Abendessen, um die Geheimnisse der toskanischen Küche kennen zu lernen. Am leichtesten gelingt dies, wenn man bei der Vorbereitung dessen mithilft, was später auf den Tisch kommt.
Südlich von Florenz liegt Bagno a Ripoli. Von hier aus führt eine Straße in Richtung Rosano und über die Case di San Romolo weiter zur **Villa il Monte**, oben auf einem Hügel fernab von Menschenmassen und Lärm.

Villa il Monte
Via di Fontibucci
Bagno a Ripoli
Tel. (055) 698113

2. Tag – Freitag
Case di San Romolo – Florenz – Montelupo – Florenz – Case di San Romolo

Beim Frühstück wird das Menü für den Abend festgelegt. Anschließend geht es in Begleitung der Hausherrin zum **Mercato di Sant'Ambrogio**. Hier kaufen Sie zusammen ein, zunächst bei Metzgern und Lebensmittelhändlern, dann bei den Gemüseverkäufern, die ihre frische Ware im Freien ausgebreitet haben. Danach ist ein Espresso im benachbarten **Caffè Cibreo** quasi ein Muss. Gleich hinter der nächsten Ecke beginnt die Via di Macci, eine der alten Handwerkerstraßen, die dieses Viertel durchziehen, das von zahlreichen Antiquitätenläden und Möbelrestauratoren geprägt wird.

Mercato di Sant'Ambrogio
Piazza Ghiberti
Florenz

Caffè Cibreo
Via Verrocchio 5r
Florenz
Tel. (055) 2345853

Jenseits der Piazza Santa Croce sollte man weiter durch den Borgo Santa Croce spazieren, um eine weitere typische, von Palazzi und Renaissancegebäuden gesäumte Straße von Florenz kennen zu lernen. Danach führt der Weg über den Ponte alle Grazie auf die andere Seite des Arno und am Fluss entlang zum Ponte Vecchio.
Ihren Einkaufsbummel beginnen Sie am besten am Lungarno Torrigiani Nr. 11. Die alteingesessene Weberei **Busatti** stellt wunderschöne Stoffe aus Naturfasern wie Baumwolle und Leinen her. Das Angebot reicht vom klassischen Gitterwebstoff bis hin zu erlesener Tisch- und Bettwäsche für den Hausgebrauch.

Busatti
Lungarno Torrigiani 11r
Florenz
Tel. (055) 2638516

Hinter der nächsten Ecke liegt die Via dei Bardi. In Nummer 17 befindet sich die Buchbinderwerkstatt **Il Torchio**, die unter anderem handgeschöpftes und -koloriertes Papier in allen erdenklichen Formen und Stärken vertreibt. Danach sollten Sie noch bei **Lorenzo Villoresi** im Haus Nummer 14 hereinschauen. In dem alten Gebäude müssen Sie bis zum letzten Stockwerk hinaufsteigen. Dort empfängt Signor Villoresi Sie in einem kleinen Apartment voller Charme mit Blick auf den Arno und das historische Zentrum. Wenn Sie sich vorher angemeldet haben, stellt der Hausherr einen für Sie maßgeschneiderten Duft zusammen. Mit seiner großen Sammlung von Essenzen, Potpourris und Duftwässern hat er sich ganz und gar dem Geruchssinn verschrieben und auch Ihre Nase wird noch lange, nachdem Sie das Haus verlassen haben, im siebten Himmel schweben.

Il Torchio
Via dei Bardi 17
Florenz
Tel. (055) 2342862

Lorenzo Villoresi
Via dei Bardi 14
Florenz
Tel. (055) 2341187

Etwas weiter gelangen Sie in die Via San Niccolò, wo sich der Laden eines anderen Meisters befindet. **Alessandro Dari** ist Professor am Lehrstuhl für Architektur der Universität Florenz und unterrichtet Schmuckkunde. Nachts arbeitet er als Apotheker und in seiner verbleibenden Zeit kreiert er ausgefallene Schmuckstücke.

Alessandro Dari
Via San Niccolò 115r
Florenz
Tel. (055) 244747

Weiter geht es zum **Home Textile Emporium**, einem Laden, der fast wie eine Privatwohnung wirkt. Lisa Corti verkauft hier geschmackvolle Stoffe in den unterschiedlichsten Farben und Stilrichtungen.

Home Textile Emporium
Via San Niccolò 95
Florenz
Tel. (055) 2469509

Von der Porta San Niccolò führt der Weg zum Viale dei Colli. Vom Piazzale Michelangelo aus bietet sich ein schöner Blick auf die Stadt. Steigen Sie hinunter zur Porta Romana und setzen Sie Ihren Weg durch den Viale Petrarca fort zur Via Pisana. Bevor Sie Montelupo erreichen, folgen Sie den Wegweisern nach Artimino und gelangen auf diese Weise zum **Ristorante da Delfina:** Hier müssen Sie unbedingt einkehren, um eines der köstlichen Gerichte mit frischen Wildkräutern und Frühgemüse aus dem Garten zu kosten.

Da Delfina
Frazione Artimino
Carmignano
Tel. (055) 8718074
Mo abends u. Di geschl.

Am Nachmittag lohnt es sich, das bedeutende **Museum für Archäologie und Keramik** in Montelupo zu besichtigen, in dem antike Fundstücke und Dokumente über die Produktion von Majolika-Keramiken ausgestellt sind. Die Techniken zur Fertigung dieser wunderschönen Objekte werden seit Generationen gehütet. Noch heute bilden Keramiken die Haupteinkommensquelle des Ortes. Fleißige Handwerker greifen die alten Motive auf und fertigen in mühevoller Handarbeit die berühmten glasierten Keramiken.

Museum für Archäologie und Keramik
Via Sinibaldi 45
Montelupo Fiorentino
Tel. (0571) 51352
Wochenende und Feiertage 9–12 Uhr

Auf dem Weg zur Schnellstraße, von Ginestra Fiorentina zurück nach Florenz, können Sie bei einem Töpfer am Weg anhalten. **Ceramica d'Arte Tuscia** stellt Kopien erlesener Majolika-Keramiken aus dem 14. bis 19. Jahrhundert her. Eine Ausstellung vermittelt einen Eindruck von der großen Bandbreite dieser wunderschönen Gebrauchsgegenstände.

Ceramica d'Arte Tuscia
Via Chiantigiana 264
Ginestra Fiorentina
Tel. (055) 8713352

Kehren Sie nun zur Villa il Monte zurück. Gönnen Sie sich einen Moment Pause bei einer Tasse Tee und begeben Sie sich anschließend in die Küche. Nun geht es ans Kochen, Aufschreiben und Anrichten. Das Menü nimmt Form an, ist bald schon fertig und wird gemeinsam am großen Tisch verspeist.

Heute müssen Sie sich mit dem Essen etwas beeilen, um rechtzeitig zum Karfreitagsumzug in Grassina zu sein. 500 Akteure gestalten den historischen Zug. Das in seiner Art einzigartige Spektakel mit Szenen aus dem Leben und Leiden Christi endet auf dem benachbarten Hügel, der nicht von ungefähr Kalvarienberg genannt wird.

3. Tag – Samstag
Case di San Romolo– Bagno a Ripoli – Impruneta – Galluzzo – Case di San Romolo

Auch heute wird beim Frühstück das Abendmenü festgelegt, doch geht es diesmal nicht zum Markt. Das Gemüse stammt vielmehr von einem benachbarten Landgut. Luisa ist noch auf dem Feld, und obwohl wir uns fast mitten in der Stadt befinden, pflegt sie nach wie vor ihren Gemüsegarten. Auf dem kleinen Markt am Rand von Florenz, beim Bäcker und in der alten Fleischerei in Bagno a Ripoli gibt es auch die übrigen Zutaten.

Die Körbe mit den Einkäufen bleiben zurück, während Sie sich auf den Weg nach Grassina machen. Die Straße steigt nun an und zieht sich an grünen Feldern und Zypressenreihen und am wunderschönen Golfclub von Florenz vorbei bis zur Abzweigung nach Impruneta. Der Weg führt auf dem Kamm des Hügels entlang durch eine Landschaft, die uns alle Augenblicke einlädt, stehen zu bleiben, um sie aus vollen Zügen zu genießen.

Wir befinden uns in der traditionsreichen Heimat der Terrakotta. Der Name Impruneta ist untrennbar mit dem Töpferhandwerk verbunden, so wie Keramiken fest zum typischen Bild der Toskana gehören. Von Brunelleschis berühmter Kuppel über die Dächer der Häuser, von den Töpfen mit Zitronenbäumchen, die seit Jahrhunderten berühmte Villengärten zieren, bis hin zu den Krügen mit kräftigem Olivenöl von den umliegenden Hügeln ist alles in der charakteristischen rotbraunen Farbe gehalten. Besuchen Sie das Atelier von

Mario Mariani, der im Holzofen Krüge, Vasen und Tontöpfe nach uralten Techniken brennt. Spazieren Sie dann weiter zu **Sergio Ricceri**, in dessen Keramiken sich Tradition und Kreativität verbinden. Schließen Sie Ihren Rundgang bei **Ugo Poggi** ab, dessen Atelier bereits auf das 16. Jahrhundert zurückgeht. Er fertigt Kopien von Kunstwerken unterschiedlicher Epochen und Stilrichtungen, von etruskischen Objekten über mittelalterliche und barocke Stücke bis hin zu Skulpturen im Stil von Giovanni della Robbia.

Mario Mariani
Via Cappello 29
Impruneta
Tel. (055) 2011950

Sergio Ricceri
Via Fabbiolle 14
Impruneta
Tel. (055) 2313790

Ugo Poggi
Via Imprunetana 16
Impruneta
Tel. (055) 2011077

Mittlerweile ist es Zeit für einen Imbiss: Am Ortseingang liegt das **Ristorante Cavallacci**, ein Landhaus mit schöner Terrasse inmitten der grünen Hügel. Die Auswahl reicht hier von Pizza über Focaccia bis hin zu ausgefallenen, raffiniert präsentierten Gerichten.

Ristorante Cavallacci
Via Aldo Moro 3
Impruneta
Tel. (055) 2313863
Mo geschl.

Folgen Sie nach dem Essen den Wegweisern, die von Tavarnuzze zur Autobahnauffahrt Firenze Certosa führen. Der Name bezieht sich auf den mächtigen mittelalterlichen Komplex der nahe gelegenen **Certosa del Galluzzo**. Das Kartäuserkloster taucht unvermittelt in seiner ganzen Pracht an einem Hang auf. Das Gebäude blickt auf eine lange Geschichte zurück, in der das Klosterleben stets eine herausragende Rolle spielte. Es beeindruckt nicht nur durch seine Architektur, sondern auch durch die zahlreichen Kunstwerke, die im Laufe der Zeit sein Inneres schmückten. Die Besichtigung nimmt einige Zeit in Anspruch. Dabei beeindrucken die Fresken von Pontormo in der Pinakothek ebenso wie der große Renaissance-Kreuzgang mit den glasierten Terrakotta-Arbeiten von Giovanni della Robbia. Es schließen sich die 18 Mönchszellen an, kleine, einstöckige Häuschen mit Gärtchen, Brunnen und Handwerksateliers, in denen die Mönche ihre dem Gebet, der Arbeit und dem Studium geweihten Tage verbringen.

Certosa del Galluzzo
Località Galluzzo
Florenz
Tel. (055) 2049226
9–12 und 15–17 Uhr;
Mo geschl.

Wer das Kloster verlässt, empfindet meistens ein Gefühl der Ruhe und des Friedens, das lange anhält. Kehren Sie nun nach Florenz zurück und fahren Sie zu den Case di San Romolo, wo Sie nach einer kleinen Pause zur Vorbereitung des Abendmenüs schreiten dürfen.

4. Tag – Ostersonntag
Case di San Romolo – Lucca – Case di San Romolo

Heute versammelt sich in Florenz eine große Menschenmenge, um auf der Piazza del Duomo den traditionellen »Scoppio del carro« mitzuerleben. Alljährlich am Ostersonntag wird ein von Ochsen gezogener, mit Girlanden und Feuerwerksraketen geschmückter Karren auf den Kirchplatz gebracht. Zu Beginn der Ostermesse zündet der Erzbischof eine taubenförmige Rakete an und entfacht damit ein Feuerwerk. Alteingesessene Florentiner wissen aus der Flugbahn der Taube natürlich zu deuten, was das Jahr bringen wird.

Da die Osterreise bewusst so angelegt ist, dass man den Menschenmassen entfliehen kann, bietet es sich an, die Stadt an diesem Tag zu verlassen. Fahren Sie deshalb auf der Autobahn in Richtung Bologna und folgen Sie den Wegweisern nach Lucca.

Lucca gehört zu jenen Zentren der Toskana, die, obwohl sie viel zu bieten haben, abseits der Touristenpfade liegen. Die fast vollständig erhaltenen Stadtmauern umschließen den Ort wie ein schützender Ring, in dessen Innerem man noch die Traditionen von einst pflegt. Um Ostern herum verreisen überdies viele Bewohner von Lucca an die nahe gelegene Versilische Riviera, weshalb es heute hier noch ruhiger zugeht als sonst. In Lucca kommt man zu Fuß oder mit dem Fahrrad am besten voran. Folgen Sie dem ausgewiesenen Weg rund um die Stadtmauer. Allenthalben tauchen versteckte Gärten und Winkel auf und Sie erhalten einen guten Gesamteindruck des facettenreichen Stadtbildes.

Dom
Piazza San Martino
Lucca
Mo–Fr 9.30–17 Uhr,
Sa 9.30–18.45 Uhr,
So 9–9.50, 11.30–11.50
und 13–17 Uhr

Auf beinahe jedem Platz steht eine alte Kirche; herrliche Palazzi aus unterschiedlichen Epochen säumen die ruhigen Straßen. Ihre Tour könnten Sie im **Duomo di San Martino** auf dem gleichnamigen Platz beginnen. Die Kirche war bereits im 8. Jahrhundert Bischofssitz. Farbiger Marmor, Loggien und ein vorgesetzter Portikus prägen das Bild. Im linken Querschiff befindet sich das Grab von Ilaria del Carretto, der jung verstorbenen Ehefrau Paolo Guinigis, des Fürsten von Lucca. Iacopo della Quercia schuf das Grabmal, das viele für das Meisterwerk des Künstlers halten.

Auf der von mittelalterlichen Häusern gesäumten Piazza San Michele stechen der in der Renaissance entstandene Palazzo Pretorio einerseits und die mächtige, von der großen Giebelstatue des Erzengels Michael beherrschte Kirche andererseits hervor.

Legen Sie nun eine Pause ein und essen Sie in der **Buca di Sant'Antonio** zu Mittag. Hier können Sie die gastfreundliche Atmosphäre eines alteingesessenen Lokals zusammen mit hervorragenden regionaltypischen Gerichten genießen.

Spazieren Sie nach dem Essen über die Hauptstraße, den Fillungo. Heute sind die Läden geschlossen, doch Sie können sich einen Digestif im **Caffè Di Simo** gönnen, einem beliebten Treffpunkt von Künstlern und Literaten. Zu ihrer Zeit verkehrten hier bereits Giovanni Pascoli und Giacomo Puccini.

Gehen Sie anschließend weiter zur Piazza del Mercato. Von hier aus ist es nicht mehr weit zur Chiesa di San Frediano mit der von einem riesigen Mosaik dominierten Fassade.

Der Weg führt weiter durch eine Straße mit schönen barocken Häusern zum **Palazzo Moriconi-Pfanner** (17. Jh.). Dem Bauwerk ist ein schöner, öffentlich zugänglicher Garten mit Brunnen und antiken Skulpturen angeschlossen.

Runden Sie Ihren Spaziergang mit der Besichtigung des Geburtshauses von **Giacomo Puccini** ab, das in ein kleines Museum umgewandelt wurde. Fahren Sie anschließend über die Autobahn zurück nach Florenz.

Den richtigen Abschluss dieses ruhigen Ostersonntags bildet ein Abendessen im **Antico Forno**, einer kleinen Trattoria in Villamagna unweit Ihres Domizils

Ristorante Buca di Sant'Antonio
Via della Cervia 3
Lucca
Tel. (0583) 55881
So abends und Mo geschl.

Caffè Di Simo
Via Fillungo 58
Lucca
Tel. (0583) 46234

Palazzo Moriconi-Pfanner
Via degli Asili 33
Lucca
10–18 Uhr, Nov–März nach Absprache

Geburtshaus Giacomo Puccinis
Corte San Lorenzo 8
Lucca
Tel. (0583) 584028
1.–20. Jan u. 1.–10. März, Mo geschl.;
21. Jan–Feb 10–13 Uhr, Sa–So auch 15–18 Uhr;
11. März–Dez tägl. 10–13 und 15–18 Uhr

Trattoria Antico Forno
Via San Romolo 118
Località Villamagna
Florenz
Tel. (055) 698157
Mo geschl.

5. Tag – Montag
Case di San Romolo – Greve in Chianti – Montefioralle – Florenz

Der Tag der Abreise ist gekommen. Verlassen Sie die Villa il Monte und fahren Sie nach Greve in Chianti, wo alljährlich am Ostermontag ein Antik- und Trödelmarkt stattfindet.

Bevor Sie die Autobahnauffahrt Florenz-Süd erreichen, biegt eine Straße rechts zur Via Chiantigiana, der Chianti-Straße, ab. Von jetzt an führt der Weg durch liebliche Täler mit Weinfeldern, vorbei an Hügeln, auf denen Burgen thronen, Landgütern, Städtchen und einfachen Bauernhöfen. Die dichten Wälder, die sich hier einst ausdehnten, sind verschwunden und haben dem Wein Platz gemacht, dem Symbol toskanischer Lebensart.

In Greve haben die Händler bereits ihre Stände aufgebaut und besetzen Straßen sowie die hübsche asymmetrische Piazza. Nicht nur die Händler bieten eine überreiche Warenfülle, auch die Läden unter den Arkaden sind geöffnet und verkaufen Wäsche, alte Drucke, Kräuter und Weine mit dem typischen Duft und Geschmack der Region.

Unbedingt sollten Sie die **Macelleria Falorni** aufsuchen und die würzigen Würste, die riesigen Schinken unter der Decke und die Wildschweinspezialitäten bestaunen, die – zusammen mit einem guten Tropfen aus dem Chianti – zu einer Kostprobe einladen.

Fahren Sie weiter zum hübschen mittelalterlichen Städtchen Montefioralle, in dem die Zeit stehen geblieben zu sein scheint. Kleine Häuser mit blumengeschmückten Balkonen und Loggien säumen die Hauptstraße, die zur Burg hinaufführt. Halten Sie Ausschau nach der **Taverna del Guerrino**. Von ihren wenigen Tischen blickt man über das Tal, genießt die Ruhe und nimmt mit einem schlichten, kräftigen Mahl Abschied von der frühlingshaften Landschaft der Toskana.

Macelleria Falorni
Piazza Matteotti 69
Greve in Chianti
Tel. (055) 853029
8–13 und 15.30–20 Uhr, So 10–13 und 16–19 Uhr

Ristorante Taverna del Guerrino
Località Montefioralle
Greve in Chianti
Tel. (055) 853106
Mai–Okt Do–So, Mo–Mi nur abends

Mai *Durch blühende Villengärten in Lucca und Florenz*

1. Tag – Mittwoch

Versuchen Sie bei der Anreise das Zentrum von Florenz zu meiden. Begeben Sie sich direkt zum Piazzale Michelangelo und von dort aus zum Pian dei Giullari. Hier liegt die **Villa Poggio San Felice**, in der Sie die nächsten Nächte verbringen werden. Die Besitzerin Livia hat das Haus zu einer reizvollen Frühstückspension umbauen lassen. In ihrem Prospekt bemerkt sie richtig, dass man nur dem Duft der Rosen folgen muss, um über den schmalen Weg, der durch uralte Olivenhaine führt, zu ihr zu gelangen. Zu dem Anwesen gehört ein romantischer Garten im Stil des 19. Jahrhunderts, der an einen weitläufigen Park grenzt. Über eine große Steintreppe gelangt man zu den Zimmern, deren Namen gut zur familiären Atmosphäre passen. Es gibt ein Großelternzimmer, ein Blumenzimmer, ein Terrassen- und ein Hochzeitszimmer. Die umliegende Landschaft ist für sich genommen schon ein Kunstwerk. Architektur und Natur harmonieren perfekt miteinander und die Kulisse mit den Hügeln des Pian dei Giullari entsprach mit Sicherheit genau dem Geschmack jener Zeit, da das Haus erbaut wurde.

Villa Poggio San Felice
Via San Matteo in Arcetri 24
Tel. (055) 220016
Fax (055) 2335388

Das Abendessen sollten Sie im Ort bei **Omero** einnehmen, einem Restaurant, das auf den ersten Blick der Ölkrüge und der Schinken wegen, die von der Decke herabhängen, wie eine Metzgerei wirkt. Weiter hinten stehen jedoch Tische auf einer Terrasse und im Garten mit Blick auf Florenz. Das Ambiente und die Gerichte sind typisch für jene rustikalen Florentiner Trattorien, von denen es heute leider nur noch wenige gibt.

Ristorante Omero
Via Pian dei Giullari 11r
Tel. (055) 220053
Di geschl.

2. Tag – Donnerstag

Den Morgen können Sie in dem großzügigen, mit Korbmöbeln ausgestatteten Frühstücksraum mit süßen Köstlichkeiten nach traditionellen toskanischen Rezepten beginnen.

Anschließend geht es über den Viale dei Colli bis zur Porta Romana und von dort aus zu Fuß zur Piazza Pitti. Den Vormittag sollten Sie der Besichtigung des **Palazzo Pitti** widmen. In dem Palast, einst einem Machtzentrum in Florenz, sind heute wertvolle Kunstwerke untergebracht. Von einem der Flügel hat man überdies Zugang zu einem der schönsten und berühmtesten Gärten Italiens. Der Palast trägt den Namen einer Familie, die im 15. Jahrhundert zu den Mächtigen der Stadt gehörte und einen Prunkbau plante, um ihrem Ansehen noch mehr Gewicht zu verleihen und ihren Reichtum zu demonstrieren. Der ursprüngliche Entwurf des Gebäudes geht vermutlich auf Brunelleschi zurück. Man wählte als Standort einen Teil des Boboli-Hügels und ließ alle dort stehenden Gebäude abreißen. Das Projekt war so ehrgeizig, dass die Pitti sich finanziell übernahmen, die Arbeiten einstellen ließen und den Palast letztlich an ihre schärfsten Rivalen, die Medici, abtreten mussten. Eleonora di Toledo, die Ehefrau Cosimos I., machte ihn zu ihrer Privatresidenz. Im Laufe der Zeit wurde das Gebäude so prachtvoll ausgestattet, dass es, sowohl was die Ausmaße als auch was die Einrichtung anbetraf, mit den großen europäischen Fürstenhöfen konkurrieren konnte. Es ist unmöglich, im Rahmen eines Besuchs alle hier versammelten Kunstwerke zu betrachten. Der **Museo degli Argenti** zeigt eine Sammlung von Gefäßen aus der römischen Epoche, dazu Arbeiten aus Bernstein, Kristall, Edelsteinen und Porzellan. In der **Galleria Palatina** reihen sich wunderschöne Säle mit Werken der berühmtesten Künstler des 16. und 17. Jahrhunderts aneinander. Gemälde,

Museo degli Argenti im Palazzo Pitti
Piazza dei Pitti
Tel. (055) 2388710
8.30–13.50 Uhr;
Mo geschl.

Galleria Palatina im Palazzo Pitti
Piazza dei Pitti
Tel. (055) 2388613
Werktage 8.30–18.45 Uhr,
Wochenende u. Feiertage
8.30–14 Uhr; Mo geschl.

Statuen und verzierte Gewölbe lassen sich kaum zählen und ziehen bis heute jeden Besucher in ihren Bann.

Die ehemaligen Königlichen Gemächer, die **Appartamenti Reali**, kann man nur nach vorheriger Anmeldung besuchen. In der Sala Bianca fanden die ersten Modenschauen Italiens statt und auch der Thronsaal, die Sala Celeste, das Ovale und das Runde Kabinett lohnen den Besuch. In der Palazzina della Meridiana zeigt die **Galleria del Costume** Wechselausstellungen mit prachtvollen alten Kleidungsstücken, darunter auch Totengewänder, Theaterkostüme und Roben berühmter Kinostars.

Appartamenti Reali im Palazzo Pitti
Piazza dei Pitti
Tel. (055) 2388614
Werktage 8.30–18.50 Uhr, Wochenende u. Feiertage 8.30–13.50 Uhr;
Mo geschl.

Galleria del Costume im Palazzo Pitti
Piazza dei Pitti
Tel. (055) 2388601

Nachdem Sie eine Auswahl von Kunstwerken besichtigt haben, sollten Sie sich in die berühmten **Boboligärten** begeben. Wie ein riesiger offener Salon mit grünen Hecken anstelle von Wänden präsentiert sich der Park, zu dessen dauerhaften Bewohnern die in Stein gemeißelten Protagonisten der griechischen und römischen Mythologie gehören. Sie gruppieren sich um Teiche und Brunnen, tauchen in Grotten und hinter Bäumen auf und sind unverzichtbarer Bestandteil einer Landschaft, in der Kunst und Geschichte, Mythos und Phantasie mit der Natur verschmelzen.

Giardino di Boboli
Piazza dei Pitti
Tel. (055) 23885
9–17.30 Uhr; 1. u. letzter Mo im Monat geschl.

Verlassen Sie den Garten bei der Via Romana und gehen Sie zur nahe gelegenen Via Senese, wo die **Trattoria Ruggero** dem Charme vergangener Zeiten huldigt und echte Florentiner Gerichte auf den Tisch bringt.

Trattoria Ruggero
Via Senese 89r
Tel. (055) 220542
Di u. Mi geschl.

Kehren Sie nach dem Essen auf den Piazzale Michelangelo zurück, um den in seiner Art weltweit einzigartigen **Schwertliliengarten** zu besuchen. Regelmäßig steht die Blume im Mittelpunkt eines internationalen Wettbewerbs. Sie können im Schatten von Olivenbäumen durch ein Meer von Farben spazieren. Die Blumenstadt Florenz erstreckt sich zu Ihren Füßen und öffnet, wie stets im Frühjahr, die Pforten zu zahlreichen verborgenen Gärten. Viele Ausstellungen präsentieren zu dieser Jahreszeit Blumen, doch keine erfreut sich so großer Beliebtheit wie die Schwertlilie.

Giardino dell'Iris
Piazzale Michelangelo
Tel. (055) 483112
2.–20. Mai 10–12 und 15–19 Uhr;
1. Mo nach der Öffnung geschl.

Daneben bringt der Mai auch eine Vielzahl musikalischer Veranstaltungen. Im Rahmen des **Maggio Musicale Fiorentino** sind alle Theater geöffnet und bieten ein buntes Programm mit Theaterstücken, Konzerten und Ballettaufführungen. Wählen Sie für den Abend ganz nach Geschmack und Verfassung einen passenden Programmpunkt aus.

Maggio Musicale Fiorentino
Teatro Comunale
Corso Italia 16
Tel. (055) 211158

Kehren Sie zur Villa San Felice zurück. Wegen des Kulturprogramms bleibt Ihnen heute keine Zeit für ein ausgiebiges Essen. Nehmen Sie deshalb vor oder nach der Aufführung einen kleinen Imbiss ein. Ganz gleich zu welcher Zeit – in der **Enoteca Fuoriporta** werden Sie mit Sicherheit auf Ihre Kosten kommen.

Enoteca Fuoriporta
Via Monte alle Croci 10r
Tel. (055) 2342483
So geschl.

3. Tag – Freitag
Firenze – Pescia – Segromigno – Capezzano Pianore

Nehmen Sie Abschied vom herrlichen Florenz und fahren Sie auf der Autostrada del Mare (A11) bis zur Abfahrt Chiesina Uzzanese. Von dort geht es weiter über die Landstraße in Richtung Pescia. Kurz hinter dem Ortsausgang erreichen Sie Collodi, wo Sie den Garten der **Villa Garzoni** besichtigen können.

Das Besondere an diesem Park ist die doppelläufige Freitreppe im Hintergrund, die direkt zu einem Hügel hinaufführt. Dort zweigen Terrassen, Grotten und Balkone ab, über die man die weiter oben gelegene Burg erreicht.

Giardino Garzoni
Piazza della Vittoria 1
Collodi
Tel. (0572) 429590
9–19.30 Uhr

Fahren Sie nach der Besichtigung ins Zentrum von Pescia, wo Sie bei **Cecco** einkehren sollten, um den berühmten Spargel oder die Soranabohnen zu kosten.

Ristorante Cecco
Via F. Forti 96
Pescia
Tel. (0572) 477955
Mo geschl.

Nach dem Essen führt der Weg weiter in Richtung Lucca. Bald schon erreichen Sie die Wegweiser zur Villa Torrigiani in Camigliano. Hier beginnt jener Teil der Provinz

Lucca, in der zu Füßen der Hügel zahlreiche prachtvolle Villen mit herrlichen Gärten liegen. Einst dienten sie den reichen Fürsten und Adligen von Lucca als Sommerresidenzen. Rund 700 Zypressen säumen die Auffahrt zur **Villa Torrigiani**: Hinter dem imposanten Zaun präsentiert sich der Park in seiner ganzen Schönheit. Zwischen dem 16. und dem 19. Jahrhundert gestalteten zahlreiche berühmte Architekten den Park entsprechend der jeweils vorherrschenden Mode vom französischen Barockgarten bis hin zu anderen Stilformen. Der Park profitierte von den Veränderungen: Das harmonische Gesamtbild blieb erhalten und wirkt auf Besucher nach wie vor faszinierend.

Villa Torrigiani
Via Gamberaio 3
Santa Gemma
Camigliano
Lucca
Tel. (0583) 928041
1. März–2. So im Nov
10–12.30 und 15–19 Uhr;
Dez–Feb nach Vereinbarung

Besichtigen Sie auch die Villa mit Möbeln und Gemälden aus vergangenen Jahrhunderten und fahren Sie anschließend weiter in Richtung Segromigno in Monte zur **Villa Mansi**. Der Garten, in Teilen nach wie vor im Stil der Renaissance angelegt, verweist deutlich auf einen seiner berühmtesten Architekten, Filippo Javarra, der im 18. Jahrhundert viele Veränderungen vornahm. Wenn Sie dem Lauf des Wassers folgen, gelangen Sie zu einem großen, von Statuen und Balustraden gesäumten Becken. Von hier aus können Sie durch das Wäldchen spazieren, um versteckte Winkel und romantische Ecken zu erkunden. Früher oder später gelangen Sie zu einer großen Wiese, dem reizvollsten Teil der Anlage, von der aus man über die große grüne Grasfläche auf die herrliche Fassade der Villa blickt.

Villa Mansi
Via Selvette 242
Segromigno in Monte
Tel. (0583) 920234
10–18 Uhr; Mo geschl.

Nun ist es an der Zeit, den Weg fortzusetzen. Hinter Lucca beginnt die Straße nach Camaiore. In der Ortschaft Capezzano Pianore befindet sich Ihr Hotel für diese Nacht. Die **Locanda al Colle** ist ein umgebautes Häuschen, das inmitten von Olivenbäumen auf einem Hügel oberhalb der Versilischen Riviera liegt. Die fünf Zimmer werden von den Besitzern, Massimo und Riccardo, liebevoll gepflegt.

Locanda al Colle
Frazione Santa Lucia
Capezzano Pianore
Tel. (0584) 915195

Nicht weit von hier können Sie im **Ristorante La Dogana** stilvoll speisen. Der freundliche Wirt und die ausgezeichnete Küche runden den schönen Tag auf angenehmste Weise ab.

Ristorante La Dogana
Via Sarzanese 442
Capezzano Pianore
Tel. (0584) 915159
Mi geschl.

4. Tag – Samstag
Capezzano Pianore – Seravezza – Pietrasanta – Lido di Camaiore

Fahren Sie am Morgen von Capezzano in Richtung Seravezza. Hier verbrachte Michelangelo, nachdem Papst Leo X. ihn mit dem Bau der Opera del Duomo von Florenz beauftragt hatte, drei Jahre damit, eine Straße von den Steinbrüchen des Monte Altissimo bis zum Meer zu legen. Aus genau diesen Bergen stammt auch der durchscheinende, von feinen Adern durchzogene Marmor, aus dem Michelangelo seine schönsten Werke fertigte.

Die Marmorsteinbrüche prägen die umliegende Landschaft der Alpi Apuane nicht nur, weil überall riesige quaderförmige Öffnungen in den Felsen klaffen, sondern auch wegen der milchweißen Geröllhalden, die wie Gebirgsbäche von den oberen Berghängen ins Tal hinabstürzen.

Auf den Altissimo sollten Sie fahren, um die romanische **Cappella** zu besichtigen, von der aus man auf Michelangelos ersten, heute geschlossenen Steinbruch blickt und das wunderschöne Panorama der Berge genießen kann. Zuweilen hört man im Hintergrund auch das Klopfen von Hämmern und Meißeln, wenn Bildhauereistudenten aus aller Welt in der dachlosen Kirche unter freiem Himmel arbeiten.

Pieve della Cappella
Località Azzano
Seravezza

Kehren Sie nach Seravezza zurück und besichtigen Sie den **Palazzo Mediceo**. Der von Ammannati entworfene Bau geht auf das 16. Jahrhundert zurück, wo er als Sommerresidenz für Cosimo I. entstand. Der Fürst hatte die Gegend wegen ihres gesundheitsförderlichen Klimas gewählt. In dem Palast finden regelmäßig Gemäldeausstellungen statt.

Palazzo Mediceo
Via del Palazzo 1
Seravezza
Tel. (0584) 756100
Juni–Sep 16–22 Uhr;
Okt–Mai 15–19.30 Uhr;
Mo geschl.

Außerdem beherbergt das Gebäude ein Museum über die Geschichte, das Leben und die Tradition der Menschen, die in den Steinbrüchen arbeiteten.

Ristorante Gatto Nero
Piazza Carducci 32
Pietrasanta
Tel. (0584) 70135
So geschl.

Etwas weiter können Sie im **Gatto Nero** zu Mittag essen. Das Restaurant liegt an der Stadtmauer und Alessandro verwöhnt Sie mit leckeren Frikadellen und anderen Köstlichkeiten. Sparen Sie sich den Espresso für später auf, wenn Sie durch das Stadttor gegangen und zur Piazza del Duomo spaziert sind.

Albergo Club dei Pini
Via Roma 43
Lido di Camaiore
Tel. (0584) 66103

Fahren Sie anschließend über die Via Aurelia in Richtung Viareggio. Am Lido di Camaiore liegt der Garten des **Club dei Pini**. Die Villa, in der einst Galileo Chini lebte, dient heute als Hotel, hat aber ihre ursprüngliche Atmosphäre bewahrt. Paola, die Enkelin des Künstlers, wohnt gleich nebenan und verwaltet liebevoll und engagiert den Nachlass ihres berühmten Großvaters. Sobald Sie Ihr Zimmer bezogen haben, können Sie darum bitten, dass man Ihnen das Atelier des Meisters und vielleicht sogar einige seiner Arbeiten zeigt. Galileo Chini gehörte zu den bedeutenden italienischen Vertretern des Jugendstils, der seine Blütezeit zu Beginn des 20. Jahrhunderts erlebte und Malerei, Bildhauerei und Objektkunst gleichermaßen revolutionierte.

Wenn Sie die Stilrichtung mögen, bietet es sich an, zu Fuß oder mit dem Fahrrad an der Uferpromenade von Viareggio entlangzubummeln. Jugendstil-Kuppeln, -Dächer, -Balkone, -Friese und Keramikarbeiten zieren die Häuser, hinzu kommen Blumenornamente und figürlicher Dekor an den Fassaden, die ebenfalls an Galileo Chini erinnern.

Ristorante Lorenzo
Via Carducci 61
Forte dei Marmi
Tel. (0584) 84030
1. Juli–31. Aug nur abends; Mo geschl.

Den letzten Abend der Reise sollten Sie mit einem Besuch bei **Lorenzo** krönen, um den typischen Geschmack und Geruch der Versilischen Küste möglichst lange in Erinnerung zu behalten. Genießen Sie ein vorzügliches Abendessen mit Meeresfrüchten und lassen Sie die Seele baumeln.

Juni *Düfte, Farben und Speisen der Insel Giglio*

1. Tag – Samstag
Cosa – Porto Santo Stefano – Giglio

Bevor Sie nach Porto Santo Stefano fahren, sollten Sie die Gelegenheit nutzen und oberhalb von Ansedonia die Überreste der antiken römischen Kolonie **Cosa** besichtigen. Die Ruinen der mächtigen Mauern und imposanten Gebäude, der Türme und Tempel lassen die Bedeutung und den einstigen Glanz der Stadt erahnen, die hoch auf einem Hügel über dem Meer thronte.

Archäologische Stätte Cosa
Tel. (0564) 881421
Tägl. 9 Uhr–Sonnenuntergang

Der Monte Argentario, ganz früher eine Insel, ist heute über drei dünne Landzungen mit dem Festland verbunden. Sie bestehen aus Sanddünen, der Feniglia-Düne (Tómbolo della Feniglia) im Osten und der Giannella-Düne (Tómbolo della Giannella) im Westen, die eine große Lagune einschließen.

Der goldene Sandstrand der Feniglia-Düne wird heute von Pinien gesäumt, dahinter erstreckt sich dichte mediterrane Macchia, in der zahlreiche Tierarten wie Wildkaninchen, Damhirsche, Silbermöwen, Kormorane, Kraniche und andere Vögel leben.

Im Zentrum der Lagune liegt auf einer unvollständigen, mit dem Argentario verbundenen Düne die alte Etruskerstadt Orbetello, die im Laufe ihrer langen Geschichte immer wieder Ziel feindlicher Eroberungen war und während der spanischen Besatzung zeitweise als Hauptstadt des Stato dei Presidi fungierte.

Hinter Orbetello gelangen Sie am von Palmen gesäumten Ufer nach Porto Santo Stefano, wo sich der Anleger für die Überfahrt nach Giglio befindet. Nutzen Sie die Wartezeit, um im Ristorante **Il Veliero** zu speisen. Hier können Sie erste Erfahrungen mit der Küche der Maremma machen und Fisch genießen, der aus dem Netz des Vaters direkt in die Pfanne der Söhne und Restaurantinhaber wandert.

Ristorante Il Veliero
Via delle Collacchie
Porto Santo Stefano
Tel. (0564) 812226
Mi geschl.

Besteigen Sie am Hafen die Fähre, die zu dieser Jahreszeit beinahe stündlich verkehrt. Schon nach kurzer Zeit kommt Giglio Porto in Sicht. Der Hafen wirkt wie ein gemütliches Wohnzimmer: Zu beiden Seiten wachen ein roter und ein grüner Leuchtturm, während im Hintergrund bunt bemalte Häuser eine hübsche Kulisse abgeben.

Am Ruggero-Kai, besser als Ruggerone bekannt, wartet schon das Boot, das Sie in Ihre Unterkunft **Pardini's Hermitage** bringt. Das Hotel befindet sich in einer Villa in der Cala degli Alberi, ist nur per Schiff erreichbar und bietet Platz für maximal 25 Personen. Wer hierher kommt, sucht absolute Ruhe und Entspannung. Im Kreise der übrigen Gäste und der Besitzer fühlt man sich rasch wie zu Hause: Vor dem Essen kann man beim Aperitif Bekanntschaft schließen, dann folgt ein köstliches Menü, abgerundet durch ein Glas guten Wein, nette Gespräche und gute Musik.

Pardini's Hermitage
Cala degli Alberi
Giglio
Tel. (0564) 809034
Fax (0564) 809177

2. Tag – Sonntag

Das Aufwachen gehört hier zu den schönsten Momenten des Tages: Öffnen Sie das Fenster, blicken Sie hinaus aufs tiefblaue Meer und atmen Sie den Duft der Bäume und Blüten im Garten ein. Da sonntags Tagestouristen die Insel überschwemmen, sollten Sie Ihre Zeit gemütlich im Hotel verbringen, einen ersten Erkundungsgang machen und im kristallklaren Wasser der kleinen Bucht baden.

Nach dem Mittagessen stellt Besitzer Ghigo Pardini die vielfältigen Aktivitäten vor, mit denen Sie Ihren Aufenthalt abwechslungsreich gestalten können. Es gibt Aquarell- und Töp-

ferkurse für Anfänger und Fortgeschrittene. Sie können Ihre Stücke bemalen, verzieren und im hauseigenen Ofen brennen. Oder gönnen Sie sich eine Massage, Fangopackungen und Meditationsübungen im wohltuenden Licht und Duft des Meeres und der angrenzenden Macchia. Machen Sie Gymnastik, nutzen Sie die Spiel- und Musizierangebote oder erforschen Sie die verschlungenen Pfade der Insel auf dem Rücken eines Esels
Schnell verfliegt die Zeit, es wird Abend und wieder können Sie auf dem kleinen Platz über dem Meer den Aperitif genießen, köstlich speisen und anschließend ins Freie zurückkehren, um im Licht der Sterne auf Ihren Urlaub anzustoßen.

3. Tag – Montag

Nach dem Frühstück kann jeder den Vormittag der gewählten Sportart oder Freizeitaktivität widmen. Nach dem Imbiss auf der Terrasse geht es mit dem hauseigenen Boot hinüber zum Hafen.
Die Touristen sind verschwunden: Nach dem Wochenendansturm sinkt die Insel wieder in ihren verträumten Dämmerschlaf. Spazieren Sie zu Fuß auf der Straße bis zum Arenella-Strand. Aus der grünen, mit Ginster und anderen bunten Blüten durchsetzten Macchia ragen einzelne Felsbrocken hervor, dahinter erstreckt sich das grünblaue Meer, das hier genauso klar und durchscheinend schimmert wie in der Karibik.
Kehren Sie zum Hafen zurück, wo Läden, Bars und Boutiquen allmählich zum Leben erwachen und die Inhaber ihre Kunden auf der Türschwelle begrüßen. Bummeln Sie durch die Geschäfte mit Modeartikeln, Haushaltswaren und regionaltypischen Produkten bis zur Uferpromenade gegenüber dem Hotel Demo's.
Sie müssen keinem vorgegebenen Weg folgen, landen aber früher oder später unweigerlich bei **Giovanni Cavero**, einer der bekanntesten Persönlichkeiten der Insel. Aus Ton stellt der Künstler nicht nur Gefäße und Objekte, sondern ganze Landschaften und Alltagsszenen her, welche die auf der Insel lebenden Menschen in den Mittelpunkt stellen.

Giovanni Cavero
Giglio Porto
Tel. (0564) 809520

Legen Sie in der Bar am Anleger eine Pause ein, bis das Hotelboot Sie wieder abholt. Zu Hause erwartet Sie ein weiteres Abendessen im Rot der untergehenden Sonne.

4. Tag – Dienstag

Ghigo Pardini kümmert sich nicht nur um das Hotel und ein Landgut, auf dem er Gemüse aller Art anpflanzt, sondern besitzt auch eine Ziegenherde, die Milch für hausgemachten Käse und Joghurt liefert. Außerdem züchtet er eine vom Aussterben bedrohte Eselsart und stellt die Tiere seinen Gästen für Ausritte zur Verfügung.
Den hervorragenden Joghurt haben Sie mit Sicherheit bereits zum Frühstück probiert, Gemüse und Käse kommen mittags und abends auf den Tisch. Jetzt fehlt also nur noch das Abenteuer eines Spazierrittes auf Eselsrücken. Nach den morgendlichen Aktivitäten und dem Imbiss auf der Terrasse geht es mit einem Führer zum Leuchtturm von Capel Rosso.
Die Pfade winden sich durch Felder mit blühendem Heidekraut, Ginster und nach Myrte und Mastixbäumen duftenden Wäldchen. In diese intakte, unversehrte Landschaft haben Menschen nur eingegriffen, um an den Steilhängen Terrassen für ihre Weinfelder, im landestypischen Dialekt »greppie« genannt, anzulegen. Die spektakuläre Lage hoch über dem Meer lässt erahnen, wie hart der Überlebenskampf der Menschen auf diesem schönen, aber schwer kultivierbaren Stück Land gewesen sein muss. Seit alters gedeihen hier die Trauben, aus denen der berühmte Bianco del Giglio, der inseleigene Ansonica-

Wein, gekeltert wird. Früher oder später erreichen Sie Capel Rosso, den südlichsten Punkt der Insel. Die eindrucksvollen goldfarbenen Felsen fallen steil zum Meer ab, das hier tiefblau leuchtet.
Bald schon taucht der Leuchtturm auf, der von dem Leuchtturmwärter, seiner Frau und einigen Haustieren bewohnt wird. Der Wärter freut sich immer über einen Besuch – und wenn Sie Italienisch sprechen, wird er sich gern mit Ihnen unterhalten und Auskunft geben.
Der Rückweg zum Hotel dauert etwa eine Stunde. Sie können auf dem Esel zurückreiten oder auch zu Fuß gehen, falls Sie schmerzliche Erinnerungen an den Ausflug befürchten.

5. Tag – Mittwoch

Am Morgen beschäftigen Sie sich in gewohnter Weise, doch diesmal bringt Sie das Boot bereits vor dem Mittagessen zum Hafen. Hier erwartet Sie die Fremdenführerin **Marina Aldi**, die Sie durch Giglio Castello begleiten wird. Mit dem öffentlichen Bus fahren Sie in den Ort, der auf dem höchsten Punkt der Insel liegt. Die Straße steigt steil an und bietet hinter jeder Kurve neue herrliche Ausblicke auf das Meer, auf Strände, Terrassenkulturen und außergewöhnlich geformte Felsen. Immer höher geht es hinauf und allmählich weicht das mediterrane Hafenbild einer archaischen Bergwelt, in der die Landwirtschaft dominiert.

Marina Aldi
Giglio Porto
Tel. (0564) 806096
oder 3381456011

Durch das geöffnete Tor im mittelalterlichen Wall betritt man ein Labyrinth aus Gässchen, Treppen und Bögen. Alle wirken, als sei die Zeit hier stehen geblieben, seit die Bewohner der Insel einst die Flucht vor den Sarazenen ergriffen. Im historischen Zentrum sollten Sie bei **Maria** speisen, deren Restaurant zu den festen Institutionen der Insel gehört. Das köstliche Gericht, das Ihnen aufgetischt wird, werden Sie gewiss genauso lange in Erinnerung behalten wie die wunderschöne Aussicht, die Sie beim Essen genießen.

Ristorante Da Maria
Via Casamatta 12
Giglio Castello
Tel. (0564) 806062

Bei Tisch erzählt Marina gerne aus der langen und verwickelten Geschichte der Insel. Danach führt sie Sie weiter durch die Straßen des Ortes, die um diese Uhrzeit leer und verlassen daliegen, bis zur prachtvollen Piazza unterhalb der Burg.
Wenn Sie Lust haben, kann Marina den Künstler **Bruno Caponi** erreichen, einen freundlichen, originellen Maler, der – wenn ihm der Sinn danach steht – gerne seine Bilder zeigt. Sein Atelier befindet sich in einem alten Wachturm, der zur Stadtmauer gehört.

Bruno Caponi
Giglio Castello
Tel. (349) 7702699

Etwas später erwacht das Städtchen aus dem Mittagsschlaf: Auf dem Mäuerchen vor der Haustür flicht Mario Weidenkörbe. Auch Vincenzos Laden hat wieder geöffnet – als Kulisse für seine hübschen Verkaufsobjekte dienen drei alte, imposante Kellergewölbe.
Bevor Sie zum Hafen zurückschlendern, sollten Sie zum Campese-Strand gehen, der auf der einen Seite von einem mächtigen Turm aus dem 15. Jahrhundert bewacht wird, während auf der anderen Seite eine steile Klippe und ein hübsches Fischerdorf liegen. Hierher kommen Touristen am liebsten, doch der Strand ist auch mit Abstand der schönste der Insel.
Im Garten des Hotels wird derweil bereits der Grill entzündet, denn heute Abend steht für die Gäste ein leckeres Essen im Freien auf dem Programm.

6. Tag – Donnerstag
Giglio – Giannutri – Giglio

Überprüfen Sie, ob sich die Abfahrtszeiten des Bootes verändert haben, und fahren Sie nach dem Frühstück zum Hafen, um einen Ausflug nach Giannutri zu machen.

Die Überfahrt dauert nicht lange – bald schon kommt Giannutri, eine der kleinsten Inseln des Archipels, in Sicht. Sie hat die Form eines Halbmondes und wurde deshalb von den Griechen zu Ehren von Artemis, der Göttin der Tierwelt, der Fruchtbarkeit und des Mondes, Artemisia genannt.
Giannutri war und ist noch immer eine Privatinsel, ein kleines Paradies ohne Straßen, das vor allem unberührte Natur und Ruhe bietet. In der Cala Spalmatoio gehen Sie von Bord (es gibt nur zwei Anleger, der andere befindet sich in der Cala Maestra). Das Zentrum umfasst lediglich einige Häuser und ein paar Bars sowie einen Turm mit einem Restaurant, das nur während der Hauptsaison geöffnet ist. Schattige, von Pinien gesäumte Pfade führen durch die duftende mediterrane Vegetation. Andere Straßen zu den schönsten Plätzen, an denen zahlreiche Seevögel leben, gibt es nicht.
Wenn Sie einem dieser Wege folgen, gelangen Sie zur nahe gelegenen Cala Maestra. Zwischen grünen Pinien recken sich schlanke Marmorsäulen mit korinthischen Kapitellen in den Himmel; den Boden bedecken Reste von Mosaiken und gepflasterte Alleen: Hier erhob sich einst eine elegante römische Villa, die der mächtigen Patrizierfamilie Domizi Enobarbi gehörte.
Nehmen Sie ein Bad im kobaltblauen Wasser der Cala Maestra. Inzwischen hat Giuseppe, der freundliche Besitzer der **Taverna del Granduca**, schon den reservierten Tisch für Sie gedeckt. Rund um Giannutri sind die Gewässer noch fischreich und so können Sie heute den Fang genießen, der vom Netz direkt auf Ihren Teller wandert.

Ristorante
La Taverna del Granduca
Cala Maestra
Giannutri
Tel. (0564) 898421

Allmählich ist die Zeit der Rückfahrt gekommen. Das Boot bringt Sie rasch zurück ins Hotel. Beim Abendessen können Sie mit den übrigen Gästen Ihre Eindrücke austauschen und von den schönsten Momenten des Ausfluges berichten.

7. Tag – Freitag

Heute, am letzten Tag des Aufenthaltes, sollten Sie die Zeit noch einmal ganz nach Belieben mit Ihrer Lieblingsbeschäftigung verbringen: Vielleicht möchten Sie noch ein Aquarell fertig stellen, ein Tongefäß brennen oder einen Brief schreiben, mit dem Esel ausreiten, ein Sonnenbad nehmen, mit dem Boot zu einem der herrlichen Strände fahren oder einen letzten Einkaufsbummel am Hafen machen.
Heute Abend findet das Abschiedsessen mit einem besonders köstlichen Menü statt, danach folgen Musik und Gesang, die der von den Besitzern gepflegten Atmosphäre ihre besondere Note verleihen.

8. Tag – Samstag
Giglio – Porto Santo Stefano

Ein letzter Ziegenmilchjoghurt, ein letzter Blick auf das tiefblaue Wasser, dann heißt es Abschied nehmen. Zum Glück ist das Wetter schön und das Boot wartet bereits am Anleger, um Sie zurück zum Hafen zu bringen.
Mit der Fähre vom Festland kommt wieder eine Menge Tagestouristen herüber. Auf dem Rückweg ist sie dagegen angenehm leer und Sie können in Ruhe Ihren Erinnerungen an die vergangenen friedlichen Tage nachhängen und die Schönheit der Insel, die langsam am Horizont verschwindet, noch einmal nachwirken lassen.

Juli *Leidenschaftlicher Palio und friedliches Umland*

1. Tag – 30. Juni

Am frühen Nachmittag sollten Sie in Siena eintreffen. Sie haben die Wahl zwischen zwei Hotels, die Sie aber einige Monate vor Reiseantritt buchen müssen: Übernachten Sie entweder in der **Certosa di Maggiano**, einem Mitglied der Kette Relais & Chateaux in den Hügeln unweit der Porta Romana, oder im alten **Palazzo Ravizza** mitten im Stadtzentrum. Beide Hotels bieten viel Atmosphäre und hervorragende Küche, sodass Sie sich darauf verlassen können, den Tag genussreich abzurunden. Sie müssen selbst entscheiden, ob Sie das Fünf-Sterne-Ambiente einer der ältesten toskanischen Kartausen der Toskana bevorzugen oder ob Sie lieber den Trubel der Stadt mögen und sich in einem Dreisterne-Palazzo wohler fühlen.

Hotel Certosa di Maggiano
Strada di Certosa 82
Siena
Tel. (0577) 288180
Fax (0577) 288189

Hotel Palazzo Ravizza
Pian dei Mantellini 34
Siena
Tel. (0577) 280462
Fax (0577) 221597

Kaum jemand kommt nur des Palios wegen nach Siena, denn das berühmte Pferderennen dauert nur wenige Minuten und bildet lediglich den Höhepunkt einer außergewöhnlichen Festwoche. Der Palio ist, gerade in der heutigen Zeit, einzigartig, und wer ihn wirklich verstehen will, muss wenigstens an den letzten Vorbereitungen teilnehmen.

Bringen Sie Ihr Gepäck ins Hotel und bahnen Sie sich einen Weg zum Campo. Gestampfte Erde bedeckt die Rennbahn rund um die Piazza, weshalb im Zusammenhang mit dem Palio immer wieder die doppelsinnige Parole »la terra in piazza« (die Erde auf dem Platz) auftaucht. Am Tag zuvor hat hier die Wahl der Pferde und Reiter stattgefunden, die den Contraden per Los zugeteilt wurden.

Heute gibt es noch 17 alte Stadtbezirke, so genannte Contraden, doch im 13. Jahrhundert waren es fast 100. Jede Contrada schloss sich um eine Pfarrkirche. Wer einer Contrada angehörte, konnte dort viele Dienstleistungen in Anspruch nehmen, für die üblicherweise Gemeinde oder Staat zuständig waren. Noch heute bilden die Contraden autonome Einheiten unter dem Vorsitz eines *priore*. Während des Palio übernimmt allerdings ein vom Volk gewählter *capitano* das Regiment.

Alljährlich findet am 2. Juli und am 16. August ein Palio statt. Im Juli nehmen nur zehn Contraden teil, die Übrigen unterstützen befreundete Bezirke. Ein Sieg im Rennen ist zuweilen weniger wichtig als die Tatsache, dass eine feindliche Contrada ebenfalls leer ausgegangen ist.

Bevor der Palio mit seinen vielen Nebenschauplätzen Sie völlig gefangen nimmt, sollten Sie die Gelegenheit nutzen und dem **Museo Civico** im Innern des Rathauses einen Besuch abstatten. Sie riskieren sonst, Siena zu verlassen, ohne einige seiner größten Meisterwerke gesehen zu haben.

Museo Civico
Piazza del Campo 1
Siena
Tel. (0577) 292226
Nov–15. März 10–18.30 Uhr; 16. März–Okt 10–19 Uhr; Juli–Aug 10–23 Uhr

Am heutigen Tag haben bereits zwei Vorläufe zum Palio stattgefunden, doch die Bars auf dem Campo sind zum Aperitif geöffnet. Die Tische stehen auf der festgestampften Erde, die Spannung ist überall spürbar und die Einwohner der Stadt sind unschwer an ihren hoffnungsfrohen oder niedergeschlagenen Gesichtern zu erkennen: Nach dem ersten Probelauf des Pferdes, das sie im Losverfahren zugeteilt bekommen, ahnen sie bereits, wie das Rennen für sie ausgehen wird.

Das Abendessen können Sie, wenn Sie sehr frühzeitig reserviert haben, in der **Trattoria Le Logge** einnehmen. Genießen Sie hier, unweit der Piazza, die typisch toskanische Gastfreundschaft, die gute Regionalküche und eine Flasche köstlichen Brunello vom hauseigenen Weinberg.

Ristorante Le Logge
Via Porrione 33
Siena
Tel. (0577) 480113

2. Tag – 1. Juli
Siena – Abbazia di San Galgano – Siena

Wenn Sie das Hotel verlassen, sollten Sie sich für eine Contrada entscheiden, mit der Sie den Palio erleben wollen. In unserem Fall ist es die **Chiocciola** (Schnecke).

Contrada della Chiocciola
Via San Marco 33
Siena
Tel. (0577) 45455

Der Name stammt aus dem ausgehenden 15. Jahrhundert, das gelb-rote Banner mit dunkelblauen Streifen trägt das Motto »Con lento passo e grave nel campo a trionfar Chiocciola scende« (Gemessen und mit ernster Mine schreitet die Chiocciola dem Sieg auf dem Campo entgegen). Die Schnecke hat die zweitmeisten Siege zu verbuchen, erstmals gewann sie anno 1661. Ihr schärfster Rivale ist die Schildkröte (Tortuca), gut befreundet ist sie dagegen mit Raupe (Bruco), Stachelschwein (Istrice), Panther (Pantera) und Wald (Selva). In der Via San Marco bauen fleißige Helfer mittlerweile schon die langen Tischreihen für das gemeinsame Abendessen auf. Die Straße schlängelt sich hügelaufwärts bis zu einer kleinen Kirche, an der sich der Weg gabelt. In der Kapelle, die der Rosenkranzmadonna geweiht ist, versammelten sich die *contradaioli* (Mitglieder einer Contrada) bis ins frühe 19. Jahrhundert. Dann wurde die Kirche entweiht und seitdem dient sie als Pferdestall. Heute früh trifft man hier auf den *barbaresco*; er kümmert sich um das Pferd, das der Contrada zugeteilt wurde. Er hat die Nacht bei dem Tier verbracht und bereitet es nun, unter den wachsamen Blicken der aufgeregten *contradaioli*, auf den morgendlichen Probelauf vor.

Begeben Sie sich nun zum Hauptsitz der Contrada und reservieren Sie Plätze für das Abendessen, das sämtliche Contraden am Vorabend des Rennens veranstalten. Anschließend sollten Sie dem Museum einen Besuch abstatten. Jede Contrada besitzt ein eigenes Museum und mindestens eines sollten Sie kennen lernen, um zu verstehen, was die Menschen beseelt. Denn der Palio ist nicht einfach ein Wettlauf, sondern das Symbol einer sorgfältig gehüteten Kulturtradition.

Ganz Siena leuchtet heute in den Farben der Contraden. Folgen Sie den Fahnen und Trommelklängen bis ins Zentrum und nehmen Sie sich Zeit für einen Bummel durch die Palazzi und Läden in der Via di Città. In Nummer 61 finden Sie bei **Siena Ricama** bestickte Lampenschirme und ähnliche Artikel, die Kunstwerke großer Meister zeigen. In Nummer 71 können Sie in der **Drogheria Manganelli** regionaltypische Produkte erwerben, auf Nummer 96 bietet der **Negozio dell'Arte** Majolika-Kacheln und Tongefäße zum Verkauf. Wenn Sie schöne Stoffe und Wäsche für den Hausgebrauch mögen, sind Sie bei **Antiche Dimore** (Nr. 115) richtig. Inzwischen befinden Sie sich in der Via Banchi di Sopra. Bei **Nannini** müssen Sie unbedingt einen Kaffee trinken oder ein Eis essen. Außerdem sollten Sie hier Panforte und Ricciarelli, die beiden süßen Spezialitäten der Stadt, erwerben. Linker Hand erhebt sich der Palazzo Tolomei, das älteste Privathaus der Stadt. Kehren Sie über die Via delle Terme zurück, wo **Bien Vivre** (Nr. 86) stilvolle Accessoires für Haus und Küche verkauft. Bei **La Cravatta Bianca** (Nr. 20) finden Sie eine große Auswahl an Krawatten aus eigener Herstellung.

Heute werden Sie nur schwerlich einen Platz in einem Restaurant finden. Gehen Sie zum Essen ins Hotel zurück und gönnen Sie sich anschließend Mittagsruhe.

Verlassen Sie am Nachmittag Siena, um einen ganz besonderen Ort aufzusuchen. Fahren Sie in Richtung Grosseto und folgen Sie den Wegweisern nach San Lorenzo a Merse und Monticiano. Nicht weit von dort befindet sich die **Abbazia di San Galgano.**

Abbazia di San Galgano
Chiusdino
Tel. (0577) 756738
Immer geöffnet

Die Abtei, ein außergewöhnliches Beispiel gotischer Zisterzienserarchitektur, erhebt sich inmitten einer grünen Lichtung. Dach, Gewölbe und Glockenturm sind eingestürzt, doch die mächtigen Pfeiler tragen noch die Arkaden der drei Kirchenschiffe, von denen man direkt in den Himmel blickt.

Durch die glaslosen zweibogigen Fenster fallen Sonnenstrahlen; Arkaden und Säulen spenden Schatten und sorgen für wunderschöne Lichteffekte. Vom angrenzenden Kloster blieben ein kleiner Rest des Kreuzganges und das Dormitorium erhalten. Das Gewölbe des Schlafsaals weist sogar noch einfarbigen Freskenschmuck auf.
Der Besuch ist damit noch nicht beendet: Auf dem nahe gelegenen Montesiepi erhebt sich eine Rotunde aus dem späten 13. Jahrhundert. Der Bau, der wechselweise aus Stein und Travertin errichtet wurde, bildete den Kern des einstigen Zisterzienserklosters und birgt das Grab des hl. Galgano. Im Boden steckt ein Schwert, das der Heilige der Legende zufolge in den Fels stieß, als er sich von militärischer Gewalt ab- und dem geistlichen Leben zuwandte. Er verbrachte seine letzten Jahre in Einsamkeit und soll im Anblick des kreuzförmigen Schwertknaufs gestorben sein. Später fügte man eine Kapelle an, die Ambrogio Lorenzetti mit einem Freskenzyklus ausstattete. Fahren Sie über Frosini, Rosia und Sovicille zurück nach Siena.
Ruhen Sie sich im Hotel ein wenig aus und begeben Sie sich anschließend zum Abendessen zur Contrada della Chiocciola. Der Weg führt abermals durch ein Meer aus Farben und Klängen, vorbei an jungen Männern, die für den Festzug proben. Am Vorabend des großen Ereignisses herrscht überall Spannung und freudige Aufregung. In dieser Stimmung setzen sich die *contradaioli* und alle, die sich zum Essen angemeldet haben, an die langen Tischreihen.
Wenn alle Platz genommen haben, halten der Vorsitzende der Contrada, der *capitano* und der Reiter (*fantino*) eine kurze Rede. Letzterer kann übrigens noch in letzter Minute durch einen anderen ersetzt werden. Die Gespräche sind voller Hoffnung und Sorge, und alle haben nur ein Thema – den Palio. Man ruft die Jungfrau Maria, Gott und alle Heiligen an, betet, schwört und flucht und verbringt die schönste, aufregendste Nacht des Jahres in Gemeinschaft mit den anderen.

3. Tag – 2. Juli

Um 8 Uhr läutet »Sunto«, die große Glocke der Torre del Mangia, den Festtag ein. Der Palio gehört zu den wenigen Gelegenheiten, bei denen das Geläut vom Rathausturm ertönt. Der Erzbischof hält zu Füßen des Turms die Reitermesse ab, an der Jockeys, *capitani* und Ehrengäste teilnehmen. Er bittet die Jungfrau Maria um Schutz für die Menschen und Tiere, die am bevorstehenden Rennen teilnehmen.
Es folgt ein letzter Probelauf, ehe in Anwesenheit des Bürgermeisters jede Contrada offiziell ihren Jockey zugeteilt bekommt. Sobald die Reiter ihre Weste übergezogen haben, ist keine Änderung mehr möglich. Jetzt beginnt die Phase der Wetten; Bitten und Versprechen erfüllen die Luft. Aufgeregte Jugendliche laufen durch die Straßen und schicken jedem potenziellen Rivalen Verwünschungen und Flüche hinterher.
Bis zum Mittagessen bleibt noch genügend Zeit, um den **Dom** mit der prachtvollen **Libreria Piccolomini** zu besichtigen. Direkt neben dem Dom befindet sich der **Museo dell'Opera Metropolitana**, in dem man die eindrucksvolle *Maestà*, ein Meisterwerk des sienesischen Künstlers Duccio di Buoninsegna, bewundern kann.
Auch heute sollten Sie im Hotel essen, denn draußen herrscht ein unglaubliches Getümmel. Gönnen Sie sich anschließend eine kurze Ruhepause.
Am frühen Nachmittag läuten die Glocken abermals. Nun beginnt der historische Festzug, den junge Männer in farbenprächtigen Kostümen gestalten. In den Kapellen der Contraden werden derweil die Pferde gesegnet und vom Priester mit den Worten »va' e torna vincitore« (Zieh aus und kehre als Sieger zurück) entlassen.

Dom und Libreria Piccolomini
Piazza del Duomo
Siena
Tel. (0577) 283048
Winter: 7.30–13 und 14.30–17 Uhr;
Sommer: 9–19.30 Uhr
Wochenende und Feiertage nur nachmittags

Museo dell'Opera Metropolitana
Piazza Duomo 8
Siena
Tel. (0577) 283048
Winter: 9–13.30 Uhr
Sommer: 9–19.30 Uhr

Die *comparsa*, eine Gruppe kostümierter Männer, verlässt nun die Contrada und beginnt den Zug zum Campo. Zwei Stunden dauert der Aufmarsch auf der Piazza. Alle Plätze an Fenstern und Balkonen sind natürlich schon seit Wochen ausgebucht.
Noch immer schlägt der »Sunto«, die Spannung steigt, wenn die Trommeln der Contraden erklingen und die jungen Männer ihre Banner hoch in die Luft werfen. Auch der skeptischste Tourist lässt sich nun mitreißen, denn spätestens jetzt begreift jeder, dass der Palio kein künstlich aufgebauschter Anlass, sondern eine echte Tradition ist, die tief in der Kultur der Stadt wurzelt und auf eine lange Geschichte zurückblickt.
Schließlich erscheint der Karren mit dem Palio, der Siegertrophäe. Es handelt sich um ein Banner, das alljährlich für das Rennen von einem berühmten Künstler entworfen wird. Die Spannung erreicht ihren Höhepunkt und die gesamte Stadt fiebert nun dem Start entgegen.
Nun schweigt die Glocke und die Menschenmenge auf dem Platz verstummt. Die Pferde reiten ein, stoppen vor der Haltelinie und tänzeln unruhig hin und her. Wenn der Startschuss ertönt, entladen sich die Hoffnungen und Ängste eines ganzen Jahres in den begeisterten Rufen der Sieneser. Nach kaum einer Minute ist alles vorbei – der Palio ist Vergangenheit und Zukunft zugleich. Das Banner der siegreichen Contrada wird am Rathaus gehisst und die Menge schiebt sich zur Kirche Santa Maria in Provenzano, wo die Dankesmesse stattfindet.
Nach der Zeremonie kehrt die siegreiche Contrada heim und stürzt sich in ein rauschendes Fest, das bis zum nächsten Morgen dauert. Die Siegestrophäe wird, begleitet vom unermüdlichen Klang der Trommeln, durch die geschmückten Straßen getragen. Im Mittelpunkt steht natürlich das Pferd, das von den *contradaioli* und den Touristen gleichermaßen gehätschelt wird. Heute findet niemand die Ruhe, um im Restaurant zu essen. Ziehen Sie durch die Straßen, essen und trinken Sie hier und dort etwas, feiern Sie und lassen Sie sich hinterher todmüde ins Bett fallen.

4. Tag – 3. Juli
Siena – San Casciano dei Bagni

Während in Siena kräftig weitergefeiert wird, ist es an der Zeit, die Koffer zu packen. Mit Sicherheit werden Sie das Rennen, die Traditionen, die sich darum ranken, und die wunderschöne Stadtkulisse unauslöschlich im Gedächtnis behalten.
Vermutlich steht Ihnen nach den aufregenden Tagen der Sinn nach ein wenig Erholung. Die Reise führt deshalb ins **Centro di Fonteverde** in San Casciano dei Bagni, ein malerisches Städtchen fernab von den üblichen Touristenzielen.

Centro Termale Fonteverde und Hotel de' Medici
Terme 1
San Casciano dei Bagni
Tel. (0578) 58023

Fahren Sie von Siena in Richtung Bettolle und weiter nach Val di Chiana, wo Sie die Autostrada del Sole erreichen. Folgen Sie der Autobahn Richtung Rom bis Chiusi. Über die Landstraße gelangen Sie nach Sarteano und San Casciano dei Bagni.
Sie befinden sich jetzt im Grenzland von Toskana, Umbrien und Latium, wo neben intakter Natur viel etruskische, römische und mittelalterliche Geschichte verborgen liegt. Schon seit der Antike ist außerdem die heilende Wirkung der hiesigen Quellen bekannt. Im späten 16. Jahrhundert gehörte der Ort zum Großherzogtum Toskana. Im 17. Jahrhundert ließ Ferdinand I. eine wunderschöne Torhalle für das Thermalbad und eine ebenso prächtige Villa als Sommersitz errichten.
San Casciano war für viele Urlauber zu weit entfernt von den Hauptsehenswürdigkeiten, zog aber umso mehr Schauspieler und Künstler an, die Ruhe suchten, von der mittelalterlichen Kulisse fasziniert waren und die Stadt zu ihrem Wochenenddomizil machten.

Wie schon im 16. Jahrhundert sprudeln hier insgesamt 42 Thermalquellen. Seit ein cleverer Industrieller die berühmten Terme di Saturnia ausbauen ließ, verzeichnet der Ort wieder mehr Zulauf. Heute weiß man, dass Schönheit auch von innen kommt und gepflegt sein will. Dieser Philosophie folgt auch die Kurverwaltung, die neben den traditionellen Bädern eine Vielzahl von Behandlungen aus den Bereichen der Heilmedizin und Schönheitspflege anbietet.
Die Renaissancevilla, in welcher der Großherzog einst seine Sommertage verbrachte, wurde zum **Hotel de' Medici** umgebaut. Ein regional bekannter Architekt gestaltete den Park neu. Abgesehen von den Quellen können die Gäste zahlreiche Behandlungen in Anspruch nehmen. Das Schwimmbad mit Sitzbänken, Kaskaden und Sprudelbecken bietet Entspannung und liegt überdies in einer herrlichen Landschaft. In diesem Ambiente können Sie die letzten Urlaubstage so richtig genießen.
Bringen Sie Ihr Gepäck aufs Zimmer, gönnen Sie sich ein leckeres Mittagessen und widmen Sie den Nachmittag den von Ihnen gewählten Behandlungen oder Kuren. Runden Sie den Tag mit einem erholsamen Spaziergang durch den Park, einem erfrischenden Aperitif und einem gemütlichen Abendessen im Hotel ab.

5. Tag – 4. Juli

Genießen Sie den Tag und verbringen Sie Ihre Zeit mit Behandlungen und Schönheitskuren. Machen Sie am Nachmittag einen Spaziergang durch die Stadt bis zur Piazza Matteotti. Der Platz ist die gute Stube des Ortes; auf den Bänken und der Mauer, die ihn umschließt, sitzen die Einwohner und warten darauf, dass der Abend eine frische Brise bringt. Die Kulisse ist einzigartig: Dunkle Zypressenhaine krönen sanfte Hügel, dazwischen leuchtet der gelbe Ginster der Macchia, während sich die Kornfelder in den Tälern im Licht der untergehenden Sonne langsam golden färben.
Nehmen Sie den Aperitif im **Bar Centrale**, beobachten Sie die vorbeispazierenden Leute und begeben Sie sich anschließend ins benachbarte **Ristorante Daniela**. Bar und Restaurant gehören denselben Besitzern und bis vor wenigen Jahren konnte man in der Bar in netter Atmosphäre essen. In der Küche hat sich nichts geändert – noch immer kocht hier Silvestro, Danielas Ehemann, und seine Gerichte schmecken so köstliche wie eh und je.

Bar Centrale
Piazza Matteotti
San Casciano dei Bagni
Tel. (0578) 58041

Ristorante Daniela
Piazza Matteotti 7
San Casciano dei Bagni
Tel. (0578) 58234
Winter: Mi geschl.

6. Tag – 5. Juli

Auch heute stehen Bäder, Fangopackungen und Massagen auf dem Programm, wenn Sie die Zeit nicht einfach zur persönlichen Lektüre nutzen wollen. Sie können auch auf die Piazza zurückkehren und durch Läden bummeln oder sich einfach nur ausruhen. Genießen Sie die vielen Annehmlichkeiten, die das Hotel bietet, und entspannen Sie sich beim Baden, bei gymnastischen Übungen oder einer Schönheitskur. Die reizvolle Umgebung sorgt ebenfalls dafür, dass Sie zur Ruhe kommen, Energie tanken und Ihr inneres Gleichgewicht finden.

7. Tag – 6. Juli

Verlassen Sie San Casciano dei Bagni und fahren Sie »gegen den Strom«, das heißt in umgekehrter Richtung zu den Touristen, die allmählich die Gegend überschwemmen.
Über die Straße nach Fabro gelangen Sie direkt zur Autostrada del Sole.

August *Unberührte Natur im geheimnisvollen Land der Etrusker*

Für den August schlagen wir keine Rundreise vor, sondern geben lediglich einige Tipps, wo Sie während der Hauptsaison Ruhe finden können. Um diese Jahreszeit überschwemmen Touristen Strände und Berge, Seen und Dörfer, sodass es immer schwieriger wird, einen friedlichen Winkel abseits der ausgetretenen Pfade zu entdecken.

Zu den wenigen Ausnahmen gehört die **Cala di Forno**, ein naturbelassenes Fleckchen Erde, so abgelegen, dass man fast meinen könnte, alleine auf der Welt zu sein. Die Bucht mit dem weißen Sandstreifen beginnt neben einem Felsvorsprung mit einem Turm inmitten des Parco dell'Uccellina in der Maremma. In diesem Naturparadies stehen einige wenige Ferienwohnungen zur Verfügung, die man telefonisch direkt bei den Besitzern buchen kann.

Cala di Forno
Buchungen:
Francesca Vivarelli
Colonna
Tel. (064) 4232156
Antonella Vivarelli
Colonna
Tel. (0564) 597193

Auf der Via Aurelia fahren Sie bis zur Abzweigung nach Collecchio. Die Besitzer erklären Ihnen gerne selbst, wie Sie den weiteren Weg finden. Hinter einem Holzzaun beginnt eine acht Kilometer lange Straße, die mitten durch die Macchia zum Ziel führt.

Unvermittelt lichtet sich die Macchia und vor den Augen taucht eine Fläche mit roter Erde und einigen grünen Stellen auf. Zwischen einer Reihe von Olivenbäumen und einigen Strandpinien erkennt man nun eine Gruppe alter Häuser mit golden leuchtenden Dächern vor der tiefblauen Kulisse aus Himmel und Meer.

Außer den Urlaubern, die die wenigen Ferienapartments bewohnen, hält sich hier keiner auf. Nur Sanddünen, auf deren Kämmen duftende Strandvegetation gedeiht, trennen die alten Häuser vom Wasser. Hier und da hat das Meer ausgebleichte und bizarr geformte Äste und Stämme angeschwemmt, die nun verstreut zwischen wilden Strandlevkojen liegen. Im Übrigen ist es hier streng untersagt, Blumen zu pflücken, denn das gesamte Areal wurde zum Naturschutzgebiet erklärt.

Urlauber merken meist sehr schnell, dass eine intakte Natur durchaus als Urlaubserlebnis ausreicht: Sie können Ihre Tage fernab von Hektik und Stress verbringen, ohne auf die Uhr zu schauen. Beobachten Sie die Vögel oder die Bewohner der Macchia, zum Beispiel das Wildschwein Martino, das jeden Tag allein oder mit seiner Familie vorbeikommt, um sein Futter einzufordern.

Der Alltag macht vor dem Zaun Halt, den Sie bei der Anfahrt passiert haben. Vielleicht verspüren Sie zwischendurch aber doch Lust, Ihre Oase zu verlassen, um die reizvolle Gegend mit ihren zahlreichen Möglichkeiten zu erkunden. Hierzu müssen Sie keiner festgelegten Route folgen. Wenn Sie regionaltypische Produkte mögen, sollten Sie nach Spergolaia fahren, wo Sie auf dem Gut **Alberese Natura** Spezialitäten aus ökologischem Anbau wie Öl, Wein, Honig, Käse und Fleisch von Kühen aus der Maremma kaufen können, die auf saftigen Weiden im Naturschutzgebiet grasen.

Alberese Natura
Spergolaia
Alberese
Tel. (0564) 407180

Fangfrischen Fisch erhalten Sie dagegen in Talamone oder in Orbetello, am besten bei **Covitto**. Wenn Sie schon so weit gefahren sind, sollten Sie unbedingt auch einige leckere Gebäckstücke aus der Konditorei von **Rita Ferrini** probieren.

Fratelli Covitto Pesca
Via Volontari del Sangue
Orbetello
Tel. (0564) 862[illegible]50

Pasticceria Rita Ferrini
Via Carducci 10
Orbetello
Tel. (0564) 867205

In Albinia lädt **La Parrina** zum Stöbern und Einkaufen ein: Decken Sie sich mit frisch gepflücktem Obst, Wein aus dem üppigen Weinkeller, Käse aller Art und mit Joghurt aus der Milch der Ziegen und Schafe ein, die in dieser Gegend zahlreich weiden. Das alte Gutshaus bietet übrigens auch einige hübsch eingerichtete Gästezimmer, gemütliche Gemeinschaftsräume und eine einladende Veranda, die an eine Grünfläche und einen kleinen Garten grenzt.

Antica Fattoria
La Parrina
S. S. Aurelia, km 145
Albinia
Tel. (0564) 865546
Fax (0564) 862526

In dieser Gegend fehlt es nicht an Restaurants, in denen Sie die Küche der Maremma kennen lernen können. Sie umfasst selbstverständlich Meeresfrüchte, aber auch Spezialitäten aus Wald und Flur. Nicht weit vom Eingang zum Naturpark Cala di Forno liegt an der Straße nach Alberese das Lokal **La Dispensa** mit Tischen unter einer hübschen Pergola. In der Küche bereiten die Besitzer regionale Fisch- und Fleischgerichte zu. Wenn Sie weiter in Richtung Fonteblanda fahren, kommen Sie zum **Ristoro Buratta**. Der Name verrät bereits, dass es sich um eine Mischung aus Restaurant und Trattoria handelt, oder aber um eine ländliche Osteria, wo Sie unter einem großen Laubendach im Freien Wildschweinsalami, eingelegtes Gemüse, Käse und weitere Spezialitäten der Maremma kosten können. Während Adriana sich um das Wohl der Gäste kümmert, sorgt ihr Mann für seine Pferdezucht. In der **Buca di Nonno Ghigo** in Talamone kommen vor allem Fisch und Meeresfrüchte, zum Beispiel Fusilli mit Krebsfleisch, auf den Tisch.

Um diese Jahreszeit sind die Abende lang und so bietet es sich an, über die Pfade im Park zu spazieren und die dichte, duftende Macchia mit Heidekraut und Zyklamen, Erdbeerbäumen, Myrten und Rosmarin zu erkunden. Steineichen, Zedern und Pinien sowie zahlreiche andere Baumarten spenden Schatten und sorgen für ein abwechslungsreiches Bild. Sie können einen der klassischen Wege wählen und die Überreste des Klosters San Rabano besichtigen, einen Ausflug zu den Türmen an der Küste unternehmen oder sich im **Besucherzentrum** über den Park informieren. Auf der **Azienda Agricola Alberese** können Sie auch Pferde für einen morgendlichen Ausritt mieten. Wenn Sie Lust auf sportliche Betätigung haben, organisiert die **Cooperativa Albatro** eine Kanufahrt auf dem Ombrone. Die Maremma aus der Luft erleben Sie bei einer Reise im Heißluftballon mit **Roberto**: Lassen Sie sich vom Wind über unberührte Strände und dicht bewaldete Hügel treiben und beobachten Sie aus der Vogelperspektive Wildpferde und friedlich grasende Rinderherden.

Durch die Maremma ziehen sich mehrere Weinstraßen. Telefonisch können Sie im Gebiet **Monteregio di Massa Marittima** oder in den **Colli di Maremma** Führungen mit anschließender Weinprobe vereinbaren. Die Zahl der Weingüter und Sorten steigt in dieser Region und auch die Qualität der Weine nimmt stetig zu.

Wenn Sie in der Maremma Urlaub machen, sollten Sie auch einige Orte besichtigen, die mit der Geschichte der Etrusker in Verbindung stehen: Ein halber Tag genügt, um in Roselle, Saturnia und Montemerano Einblick in diese faszinierende Kultur zu nehmen. Fahren Sie am frühen Nachmittag in Richtung Siena. Kurz hinter Grosseto zweigt die Straße nach **Roselle** ab. Im Zuge der noch andauernden Grabungen förderte man neben Resten einer römischen Stadt auch Gebäude zutage, die vermutlich zu einem bedeutenden Zentrum Nordetruriens gehörten und Aufschluss darüber geben, wie die Etrusker lebten. Die bedeutende Siedlung, um die sich ein drei Kilometer langer Mauerring schloss, wurde 296 v. Chr. von Rom unterworfen und dem Römischen Reich einverleibt. Von der antiken Stadt blieben die Thermen, das Amphitheater, das Forum, eine Basilika und zahlreiche Reste von Häusern und herrschaftlichen Villen erhalten, die eine Kopfsteinpflasterstraße säumen.

Weiter geht die Fahrt nach Scansano und durch eine sanfte Hügellandschaft nach Saturnia. Auch die Ursprünge dieser kleinen Stadt reichen bis in die Epoche der Etrusker zurück. Später wurde Saturnia römische Präfektur. Im Mittelalter gelangte der Ort zu neuer Blüte, wurde dann aber von Siena erobert und geplündert und geriet nach einer verheerenden Pestepidemie völlig in Vergessenheit. Heute lebt das friedliche Städtchen von den Badegästen, die in den zahlreichen heißen Schwefelquellen verschiedene Leiden zu lindern hoffen. Im Kurzentrum, den Terme di Saturnia, stehen verschiedene Heilanwendungen

La Dispensa
Via Aurelia Antica 16/18
Alberese Scalo
Tel. (0564) 40732
Winter: Di geschl.

Ristoro Buratta
Podere Dicioccatore
Parco dell'Uccellina
Tel. (0564) 887067
Winter: Mo geschl.

Buca di Nonno Ghigo
Piazza Garibaldi
Talamone
Tel. (0564) 887067
Mo geschl.
Besucherzentrum Parco dell'Uccellina
Piazza dei Combattenti
Alberese
Tel. (0564) 407098

Azienda Agricola Alberese
Parco dell'Uccellina
Tel. (0564) 407077

Cooperativa Albatro
Grosseto
Tel. (0564) 410121
Fax (0564) 412000

Roberto Botti
Maremma in mongolfiera (Heißluftballons),
Tel. (348) 3317690

Monteregio di Massa Marittima
Via Norma Parenti 22
Massa Marittima
Tel. (0566) 902756
Fax (0566) 940095

Colli di Maremma
Scansano
Tel. u. Fax (0564) 507381

Archäologische Grabungsstätte Roselle
Grosseto
Tel. (0564) 414303
März–Apr 9–18.30 Uhr;
Mai–Aug 9–19.30 Uhr;
Nov–Feb 9–17.30 Uhr

und kosmetische Behandlungen auf dem Programm. Unweit der alten Mühle sprudeln ebenfalls Schwefelquellen und ergießen sich über Travertinkaskaden in große Natursteinbecken. Hier können Sie kostenlos baden und die vom Dampf verschleierte landschaftliche Kulisse genießen. Lassen Sie sich vom warmen Wasser treiben, das Sie von einem Becken zum nächsten trägt. Hinterher werden Sie sich auf jeden Fall entspannt fühlen, und auf der Rückfahrt erinnert ein dezenter Schwefelgeruch an das schöne Erlebnis.

Verlassen Sie Saturnia und fahren Sie nach Montemerano, das sich auf einem Hügel inmitten jahrhundertealter Olivenbäume erhebt. Dieses mittelalterliche Schmuckstück umfasst ein Labyrinth schmaler Gassen mit kleinen Plätzen und kunstvoll verzierten Häusern. In der Mitte des von einem Mauerring umschlossenen Ortes erhebt sich eine Burg. Neben einem der Zugangstore steht eine kleine eindrucksvolle Kirche, die dem hl. Georg geweiht ist und einige bemerkenswerte Kunstwerke aus dem 15. Jahrhundert birgt.

Kehren Sie am besten erst nach dem Abendessen zurück, denn die Gelegenheit, im **Ristorante Da Caino** zu essen, sollten Sie sich nicht entgehen lassen. Maurizio hat die schlichte Trattoria in ein einladendes, elegantes Restaurant verwandelt. Es bietet den passenden Rahmen für die köstlichen Gerichte, in denen Maurizios Frau Valeria traditionelle Geschmacksnoten mit neuen Kreationen verbindet.

Ristorante Da Caino
Via Canonica 3
Montemerano
Tel. (0564) 602817
Mi u. Do mittags geschl.

Wenn Sie keine Lust haben, hier zu essen, sollten Sie dennoch in der Gegend bleiben. In Poderi di Montemerano gibt es eine alte Trattoria namens **Laudomia**, in der die Zeit stillzustehen scheint. Allein die hausgemachten Ravioli lohnen den Besuch und auch die Acquacotta, eine Brotsuppe, schmeckt so gut wie eh und je. Falls Sie noch einmal in die Gegend kommen, können Sie in dem kleinen Hotel gleichen Namens direkt nebenan auch die Nacht verbringen.

Ristorante Laudomia
Poderi di Montemerano
Manciano
Tel. (0564) 602807
Winter: Di geschl.

Locanda Laudomia
Poderi di Montemerano
Manciano
Tel. (0564) 620062

Fahren Sie weiter in Richtung Manciano und über die Marsiliana und die Albinia auf die Via Aurelia.

Für die Besichtigung von Pitigliano, Sorano und Sovana benötigen Sie einen ganzen Tag. Diese Gegend der Toskana heißt wegen des dort vorkommenden Gesteins »zona dei tufi«. Fahren Sie abermals über die Aurelia bis nach Albinia und über Manciano weiter nach Pitigliano. Sie befinden Sich jetzt in jener Gegend der Maremma, in der sich im Laufe der Jahrhunderte die unterschiedlichsten Kulturen, darunter auch die geheimnisvollen Etrusker, angesiedelt haben.

Hinter einer letzten Kurve taucht unvermittelt die Stadt auf, die durch ihren mittelalterlichen Charakter besonders imposant wirkt. Sie erhebt sich auf einem Tuffsteinfelsen und die einzelnen Gebäude wirken, als würden sie direkt aus dem Stein herauswachsen. Der Ort mit seinen Häusern, Höhlen und Nischengräbern sieht aus wie ein aus einem Guss geformter Block, der zwischen Himmel und Erde schwebt.

Aus der Zeit der Etrusker sind nur noch Mauerreste und kleine, in der Gegend verstreute Nekropolen erhalten. Mittelalter und Renaissance haben der Stadt ein neues Gesicht gegeben.

Besichtigen Sie zunächst den **Palazzo Orsini**, der den Ort überragt. Im 16. Jahrhundert baute ihn Antonio da Sangallo d. J. zusammen mit anderen Gebäuden des Komplexes um, der seit dem 13. Jahrhundert zur Grafschaft der Aldobrandeschi gehörte.

Palazzo Orsini
Archäologisches Museum
Piazza Fortezza Orsini
Pitigliano
Tel. (0564) 617019
Okt–Mai Do–Di
10–16 Uhr; Juni–Sep
Do–Di 10–18 Uhr

Wagen Sie sich nun ins Labyrinth der von schmalen Häusern gesäumten Gässchen und folgen Sie einer der größeren Straßen bis zum jüdischen Viertel mit der **Synagoge**. Das erst kürzlich restaurierte Gotteshaus können Sie zeitgleich mit dem **Forno delle Azzime** besichtigen. Seit alters lebten in Pitigliano zahlreiche Juden, die entscheidend zur wirtschaftlichen und kulturellen Entwicklung der Stadt beitrugen. Nicht von ungefähr erhielt der Ort den Beinamen »kleines Jerusalem«.

Synagoge und Forno delle Azzime
Pitigliano
Tel. (0564) 616396
Mai–Okt So–Fr 10–13
und 15–19 Uhr

Von der Synagoge aus führt der Weg durch die Via Roma zum Domplatz. Die Kirche ist den Heiligen Peter und Paul geweiht und zeichnet sich durch ein wunderschönes Travertinportal (16. Jh.) aus. Daneben erhebt sich ein Glockenturm, der aus einem alten Wachturm entstand und deshalb recht massiv wirkt.

In der Via Roma befinden sich auch viele Läden. Die **Macelleria Polidori** (Nr. 76) lockt mit verführerisch duftenden Wurstspezialitäten, auch koscheres Fleisch wird hier angeboten. Gleich gegenüber (Nr. 97) verkauft **Roberto** handgefertigte, mit originellen Mustern bemalte Tonwaren.

Allmählich dürfte sich Ihr Magen bemerkbar machen. In der Via Zuccarelli 60 können Sie noch kurz bei Tina vorbeischauen, die aus verschiedenen Papiersorten Schachteln, Einbände, Kochbücher und andere nützliche Objekte fertigt. Nicht weit von hier lädt die **Trattoria del Tufo Allegro** zum Verweilen ein. Sie müssen nur einige Treppchen hinuntersteigen und finden sich sogleich auf einer blumenumrankten Terrasse wieder. Das Restaurant ist sehr klein, der Wirt dafür umso größer. Domenico Pichinis imposante Statur kommt auf dem beschränkten Raum besonders zur Geltung. Er serviert vorzugsweise traditionelle Spezialitäten aus der Maremma, die er mit neuen Geschmacksrichtungen kombiniert, ohne dass sie ihren ursprünglichen Charakter einbüßen.

Ristorante Tufo Allegro
Vicolo della Costituzione 2
Pitigliano
Tel. (0564) 616192
Di geschl.

Bevor Sie den Ort verlassen, sollten Sie von dem schönen Brunnen unter einer der Pfeilerarkaden des Aquädukts aus dem 16. Jahrhundert den Blick ins Tal genießen.

Fahren Sie nun weiter nach Sorano. Wiederum ist der erste Anblick beeindruckend, wenn das Städtchen plötzlich wie aus dem Nichts auftaucht. Genau wie Pitigliano liegt es auf einem Tuffsteinfelsen über tiefen Tälern und abermals wirken die Häuser und Straßen, als habe man sie direkt in den Felsen hineingebaut.

Der Ort entstand rund um eine alte Burg, die ab dem 16. Jahrhundert den Orsini gehörte und noch heute hoch über der Stadt auf dem Berg thront.

Man erreicht die Festung über eine Treppe in den Felsen, doch wenn die Nachmittagssonne zu heiß brennt, können Sie auf den Aufstieg verzichten. Im Ort selbst scheint die Zeit seit dem Mittelalter stehen geblieben zu sein. Schlendern Sie durch die schattigen Gassen, werfen Sie einen Blick in die Hinterhöfe und folgen Sie dem Auf und Ab der Treppen, vorbei an alten Wohntürmen mit bossierten Portalen, Loggien und kühlen Kellern, die bereits die Römer tief in den Stein getrieben haben.

Folgen Sie hinter Sorano den Wegweisern nach Elmo. Am Ende des Tals müssen Sie sich links halten. Nach etwa zehn Kilometern erreichen Sie Sovana.

Dieser Ort unterscheidet sich grundlegend von Sorano und Pitigliano. Er liegt auf einer Hochebene inmitten einer weiten, lieblichen Landschaft mit sanften Hügeln und Ebenen. Das Bild der Landschaft verändert sich, sobald Sie das Tuffsteingebiet hinter sich gelassen haben.

Sovana wirkt aus der Ferne nicht besonders eindrucksvoll und enthüllt seinen Charme erst, wenn man die alte Stadtmauer passiert hat. Zunächst fällt die Piazza ins Auge, die als eine der wenigen die Wirren der Zeit unbeschadet überstanden hat. Das einstmals rote Ziegelsteinpflaster im Fischgrätmuster ist im Laufe der Jahrhunderte zu schwachem Rosa verblasst. An einer Seite des Platzes ziehen sich mittelalterliche Häuser bis zum Gouverneurspalast aus dem 14. Jahrhundert und zur Kapitänsloggia, auf der anderen Seite enden die Gebäude an der romanischen Kirche Santa Maria Maggiore mit einem bemerkenswerten vorromanischen Ziborium über dem Altar.

Den Abschluss des Platzes bildet der Palazzo dell'Archivio mit einem großen Uhrturm und einem kleineren Glockenturm. Zwei kleine, ebenfalls mit Ziegeln gepflasterte Straßen zweigen hier vom Platz ab. Auf der rechten Seite führt die Via del Duomo zur Kathedrale, einem schönen romanischen Bau, der etwas einsam in der Landschaft steht. Dazwischen stehen niedrige mittelalterliche Häuser, unterbrochen von blühenden Gärten, Obstbäumen und Weinlauben. In einem dieser Gebäude kam der 1013 der spätere Papst Gregor VII. zur Welt.

In dieser Straße gibt es auch einige interessante Läden, die den Besuch lohnen. Bei **Leone Dipinto** finden Sie schöne Papierwaren, bei **Tufo made in Italy** dagegen phantasievolle Objekte aus Tuffstein. Wenn Sie Antiquitäten sammeln, sollten Sie **Venturi** wegen seiner schönen Auswahl an Stücken aus dem 19. Jahrhundert aufsuchen. Auf der Piazza selbst verkauft die Boutique **Semplicemente** handgefertigte Stoffe; Silberwaren und Rahmen bietet **Antichità Vetrano**.

Bevor Sie Sovana verlassen, sollten Sie unbedingt noch die Höhlenwege und die **Nekropole** mit dem berühmten Hildebrandgrab, dem Sirenen- und dem Typhongrab besichtigen. Wenn Sie sich rechtzeitig bei der **Cooperativa La Fortezza** anmelden, begleitet Sie ein Führer zu den Stätten.

Necropoli di Sovana
Winter: Di–So 9–13 und 16–18 Uhr, Sommer: 10–13 und 17–20 Uhr

Cooperativa La Fortezza
Via del Duomo
Sovana
Tel. (0564) 633402

Nun ist es an der Zeit zurückzukehren. Bestimmt bleibt Ihnen die faszinierende Region mit den Erinnerungen an das geheimnisvolle Volk der Etrusker, das noch immer nicht vollständig erforscht ist, lange im Gedächtnis.

Auf dem Rückweg können Sie einen Abstecher machen und an einem der Volksfeste teilnehmen, die im August überall in der Gegend stattfinden.

Am 3. August veranstaltet die Gemeinde Porto Santo Stefano einen Festzug mit spanischen Kostümen aus dem 17. Jahrhundert. Später am Abend fahren beleuchtete Fischerboote in einer Prozession über das Meer. Am 10. August feiert Grosseto seinen Schutzpatron, den hl. Laurentius. Bei dieser Gelegenheit können Sie das bedeutende **Archäologische Museum** der Stadt besichtigen. Die reichhaltige Sammlung bildet eine gute Ergänzung zu den antiken Überresten, die Sie bereits in Roselle, Sovana und Pitigliano erkundet haben.

Museo Archeologico e d'Arte della Maremma
Piazza Baccarini 3
Grosseto
Tel. (0564) 455132
Sommer: Di–So 10–13 und 17–20 Uhr; Winter: Di–So 9–13 und 16–18 Uhr

Am zweiten Sonntag des Monats sollten Sie Massa Marittima besuchen. Die Stadt liegt abseits der Touristenrouten, obgleich der Dom und der Hauptplatz durchaus einen Besuch verdienen. An diesem Tag findet der Balestro del Girifalco statt, ein uraltes Fest, das zweimal pro Jahr (im Mai und August) hier veranstaltet wird. Die drei Bezirke der Stadt, »terzieri« genannt, repräsentieren die drei Stände (Bauern, Klerus, Adel). Zum Abschluss messen sich 24 Armbrustschützen, wenn es darum geht, einen hölzernen Falken aus 36 Metern Entfernung mit der mittelalterlichen Verteidigungswaffe zu treffen. Der beste Bogenschütze erhält zum Lohn einen goldenen Pfeil, der siegreiche Stadtbezirk ein bemaltes Seidenbanner.

Um diese Jahreszeit bietet Massa Marittima aber auch Konzerte und andere Freilichtaufführungen, die zwischen dem Dom und dem Bischofspalast vor dem majestätischen Glockenturm stattfinden und viel Publikum anlocken. Das Jahresprogramm erhalten Sie zum Beispiel bei **Amatur**. Zum Abendessen sollten Sie die **Taverna del Vecchio Borgo** oder das **Ristorante La Schiusa** aufsuchen.

Amatur
Via Parenti 22
Massa Marittima

Ristorante Taverna del Vecchio Borgo
Via Parenti 12
Massa Marittima
Tel. (0566) 903950
Mo geschl.

Ristorante La Schiusa
Via Basilicata 29
Prata
Massa Marittima
Tel. (0566) 914012
Di geschl.

Am 15. August finden ebenfalls zwei sehenswerte Veranstaltungen statt. Im Parco dell'Uccellina selbst können Sie in Albarese beim Hirtenrodeo und beim Rosen-Palio zuschauen. Porto Santo Stefano lädt zum Fischer-Palio ein.

Falls Sie sich für Porto Santo Stefano entscheiden, sollten Sie in Orbetello Halt machen. Besichtigen Sie den Dom und die Überreste der etruskischen Seemauer und beschließen Sie den Abend bei einem Essen in der einladenden **Locanda di Ansedonia**. Kehren Sie anschließend zur Cala die Forno zurück und genießen Sie Ihre letzten Ferientage in Ruhe und Abgeschiedenheit.

Ristorante La Locanda di Ansedonia
S. S. Aurelia, km 140,5
Tel. (0564) 881317
Di geschl.

September *Gute Gelegenheit für Antiquitätensammler*

Erstes Wochenende im September und nachfolgende Tage

1. Tag – Samstag

Mit dem August enden die Sommerferien und es wird ruhiger, doch Arezzo und Cortona bieten gleich drei Veranstaltungen, die eine Verlängerung des Aufenthaltes lohnend machen. Sie liegen zeitlich und örtlich dicht beieinander und eröffnen die Möglichkeit, eine der weniger bekannten Gegenden der Toskana zu erkunden. Diese Region könnte man als Tor nach Umbrien bezeichnen, denn hier kündigt sich bereits die benachbarte, nicht minder schöne Provinz Italiens an. Vor allem aber sollten all jene aufhorchen, die sich für Antiquitäten interessieren, denn auf den um diese Jahreszeit stattfindenden Messen dreht sich alles um schöne alte Stücke.

Am ersten Sonntag im September ist Arezzo Schauplatz einer weithin bekannten **Antiquitätenmesse**, landläufig »il Mercatone« genannt. Kaum weniger berühmt ist die gleichzeitig veranstaltete **Giostra del Saracino**, eine Folkloredarbietung mit 700-jähriger Tradition.

Fiera di Arezzo (Antiquitätenmesse)
1. So im Monat und Sa davor
Tel. (0575) 377993

Giostra del Saracino
Vorletzter So im Juni und 1. So im Sep
Tel. (0575) 377678

Chiesa di San Francesco
Piazza San Francesco
Besichtigung der Fresken nach Voranmeldung
Tel. (0575) 900404
Mo–Fr 9–17.30 Uhr, Sa 9–17 Uhr, So 13–17 Uhr

Die alte Stadt Arezzo gehörte zu den ersten bedeutenden Zentren der Etrusker und wurde wegen ihrer günstigen Lage und strategischen Bedeutung auch von den Römern besiedelt. Im Mittelalter stand die freie Stadt auf der Seite der Ghibellinen und lag daher im permanenten Streit mit dem welfischen Florenz. Nach der Niederlage bei Campaldino (1289) wurde Arezzo dann doch von Florenz abhängig.

Der Ort bietet zahlreiche Sehenswürdigkeiten, doch viele Urlauber würdigen leider nur die berühmte *Leggenda della Vera Croce,* einen Freskenzyklus von **Piero della Francesca**.

Die Oberstadt birgt den ältesten Teil des historischen Zentrums. Wer durch die schmalen Straßen spaziert, fühlt sich sogleich in die Vergangenheit versetzt, denn überall veranschaulichen wunderschöne alte Hauser den Stil von Romanik, Gotik, Renaissance und Barock. Trotz all dieser Schätze ist Arezzo ein friedliches, harmonisches Städtchen abseits des Massentourismus geblieben, das man in aller Ruhe erkunden kann.

Zahlreiche berühmte Persönlichkeiten kamen in Arezzo zur Welt. Einige, darunter Piero della Francesca und Luca Signorelli, machten die Stadt zu ihrem Lebensmittelpunkt, andere, zum Beispiel Petrarca, Vasari, Masaccio und Michelangelo, gingen fort, hinterließen aber bedeutende, bis heute erhaltene Kunstwerke.

Zu den schönsten Plätzen der Stadt gehört die Piazza Grande, auf der einmal im Monat eine Antiquitätenmesse stattfindet. Bereits 1968 kam ein Sammler und Händler auf die Idee, einen Markt im Freien für Antiquitäten und Trödel einzurichten. Seit dieser Zeit bauen die Verkäufer auf dem Platz und in den umliegenden Straßen regelmäßig ihre Stände auf.

Die Messe von Arezzo fand in ganz Italien Nachahmer, blieb jedoch die bedeutendste ihrer Art. An fast jedem ersten Wochenende im Monat beherrscht sie den Platz, nur im September weicht sie der Giostra del Saracino und breitet sich deshalb über das gesamte historische Zentrum aus.

Wenn Sie am Samstag eintreffen, ist bereits alles für das große Ereignis gerüstet. Wegen des Reiterturniers haben die Vorbereitungen bereits am Freitagnachmittag begonnen. Die Antiquitätenhändler umkreisen die Stände, an denen wertvolle Stücke ausgepackt werden, und versuchen, sich bereits jetzt die besten Teile zu sichern. Das Angebot ist so groß, dass auch für normale Besucher noch genügend Auswahl bleibt. Echte Schnäppchen und einzigartige Entdeckungen werden natürlich immer seltener, doch hier und da stehen noch

Objekte zum Verlieben, die ein kundiger Kunsttischler durchaus zum Schmuckstück aufmöbeln kann. Mit Sicherheit kommen all jene auf ihre Kosten, die einfach nur schauen und staunen möchten.

Falls Sie Hunger verspüren, können Sie in der **Buca di San Francesco** im Herzen des Marktes essen. Dieses gute, traditionelle Restaurant direkt neben der Chiesa di San Francesco bietet sich nicht nur wegen der Qualität der Speisen an, sondern auch, weil Sie gleich im Anschluss den berühmten Freskenzyklus besichtigen können.

Ristorante Buca di San Francesco
Via San Francesco 1
Tel. (0575) 23271
Mo abends geschl.

Lassen Sie sich am Nachmittag von einem Stand zum nächsten treiben. Mit Sicherheit überfällt Sie bald die Kauflust, denn irgendein hübsches Teil für die Küche, ein Objekt für die persönliche Sammlung oder ein altes Spielzeugauto für die Kinder findet sich immer. Alltagsgegenstände kommen heute leider schnell aus der Mode und landen dann bei den Trödlern, wo man sie aus alter Anhänglichkeit oder Traditionsbewusstsein wieder erwirbt. Hier gibt es alles – alte Drehschalter, Spitzen, Kaffeemaschinen, Möbel, Kisten mit alten Schlössern und verrosteten Schlüsseln –, ein wahres Paradies für Sammler, das jeden neugierig macht und begeistert.

Wer berufliches Interesse mitbringt oder ein großes Stück sucht, betrachtet den Markt natürlich unter anderen Gesichtspunkten. Die Messe, auf der echte Händler Trödler und Sammler vereint sind, hat den Antiquitätenmarkt in der Stadt insgesamt angekurbelt. Die mittelalterlichen Gewölbe rings um den Platz wurden nach Jahren des Desinteresses restauriert und dienen heute wieder als Läden für alte Möbel und andere kostbare Dinge. Bei **Antichità Tina dei Bardi** (Piazza Grande 7) finden Sie wertvolle bemalte Holzstatuen, Möbel mit Intarsien und Kästchen aus der Renaissance. Ebenfalls am Platz verkauft die **Grace Gallery** (Nr. 20) Rahmen und Kleinmöbel, während man unter der Vasari-Loggia bei **I Caminetti Antichi** (Nr. 22) Kaminaufsätze erwerben kann.

Schöne Möbel und Stücke aus dem 18. und 19. Jahrhundert bietet **Mauro Burzi** in der Via Seteria 24. Am Corso Italia 97 gibt es bei **Alma Bardi** englische und italienische Silberwaren, Schmuck aus den 1920er-Jahren und Emailarbeiten.

Mit altem Silberschmuck handelt auch **Luca Raspini** in der Via Cavour 18. Hier finden Sie überdies farbige Tonwaren sowie Gips- und Marmorbüsten. Auf Nr. 30 ist die **Grace Gallery** mit einer weiteren Filiale vertreten, hier sind jedoch vor allem alte Gemälde und hochwertige Kunstgegenstände im Angebot.

Auf der Piazza San Francesco gleich neben der Kirche befindet sich die **Galleria Ivan Bruschi**, die den Namen des Begründers der Antiquitätenmesse trägt. Viele bekannte Händler unterhalten hier einen Stand. Von der Kirche aus ist es nur ein kurzer Weg zur Via Mazzini, wo **Bottegantica** (Nr. 50) mit einer riesigen Auswahl schöner Bücher aufwartet. Beschließen Sie den Nachmittag in der **New Art Gallery** am Corso Italia 251. **Nicoletta Lebole** und ihre Tochter Barbara huldigen dem 19., vor allem jedoch dem frühen 20. Jahrhundert mit wunderschönen Jugendstilarbeiten bekannter Hersteller, Gemälden, Glas, Bronzestatuetten und erlesenen Keramiken.

Der Nachmittag war lang und die Hotels in Arezzo sind überfüllt, nicht sehr stilvoll, dafür aber überteuert. Verlassen Sie deshalb die Stadt und fahren Sie auf der Straße nach Bibbiena bis zum **Hotel Torre Santa Flora** unweit von Subbiano. Das hübsche kleine Hotel befindet sich in einer alten Poststation, die einst zu einem imposanten Gebäudekomplex aus dem 13. Jahrhundert gehörte.

Hotel Torre Santa Flora
Palazzo Ponte
Calieno, 169
Tel. (0575) 421045
Fax (0575) 489607

Beziehen Sie eines der zwölf komfortablen Zimmer, ruhen Sie sich aus und warten Sie, bis es Zeit zum Abendessen ist. Bei Kerzenschein im Innenhof können Sie die hervorragende Küche genießen, die mit Köstlichkeiten wie Hütchennudeln mit Taubenfleisch und Ricotta in Weinsauce aufwartet.

2. Tag – Sonntag
Arezzo – San Martino (Cortona)

Packen Sie nach dem Frühstück Ihre Koffer und fahren Sie zurück nach Arezzo. Den Vormittag sollten Sie noch einmal für den Markt nutzen, am Nachmittag steht dann die Giostra del Saracino auf dem Programm. Für das Mittagessen bietet sich heute eine der ältesten Trattorien im Zentrum an. Die **Antica Osteria l'Agania** liegt nur wenige Meter von der Chiesa di San Michele entfernt und serviert seit jeher authentische traditionelle Spezialitäten aus der Toskana.

Antica Osteria l'Agania
Via Mazzini 10
Arezzo
Tel. (0575) 295381
Mo geschl.

Machen Sie nach dem Essen einen Verdauungsspaziergang durch die umliegenden Straßen. Die Teilnehmer des Festzuges hüllen sich allmählich in ihre historischen Gewänder. Das Viertel Porta Sant'Andrea gehört zu den Bezirken, die an dem Turnier teilnehmen und seit einiger Zeit werden die Ritter und ihre Damen vor dem Ereignis in der Pfarrei San Michele gesegnet.

Insgesamt partizipieren vier Bezirke mit acht Reitern, die das mittelalterliche Turnier ausfechten. Besonders sehenswert ist natürlich der historische Umzug, der das Turnier einleitet. Die asymmetrisch geformte Piazza Grande verwandelt sich nun in ein großes Freilichttheater und die Vasari-Arkaden, die romanische Kirche sowie die gotischen und barocken Gebäude, die den Platz säumen, geben für das Reiterspiel die perfekte Kulisse ab.

Die große Holzfigur des Sarazenenkönigs mit finsterem Gesicht auf dem Drehkreuz ist mit Schild und Morgenstern gerüstet und erwartet die acht Reiter, die auf sie zugaloppieren und mit ihrer Lanze den Schild zu treffen versuchen. Wehe dem Reiter, der zu langsam ist – ihn trifft der Morgenstern des Sarazenen. Jeder Treffer erhöht die Punktzahl, der Sieger erhält eine goldene Lanze als Preis.

Um dem schlimmsten Gedränge zu entgehen, sollten Sie das historische Zentrum verlassen, sobald das Spektakel vorbei ist. Fahren Sie in Richtung Castiglion Fiorentino und stoppen Sie in San Martino, einem Ort kurz vor Cortona, wo sich das **Hotel Il Falconiere** befindet.

Hotel Il Falconiere
San Martino
Cortona
Tel. (0575) 612679
Fax (0575) 612927

Das Gebäude aus dem 17. Jahrhundert liegt in einem schönen Park mit Zypressen, Rosskastanien und Olivenbäumen. Silvia und Riccardo Baracchi haben es zum Hotel umgebaut und bemühen sich, ihren Gästen jene elegante Ausstattung und familiäre Atmosphäre zu bieten, die alle Mitglieder der Kette Relais & Chateaux auszeichnet.

Nach dem anstrengenden Tag in der Stadt sollten Sie sich ein entspannendes und genussreiches Abendessen im Restaurant gönnen, das sich in der alten Orangerie befindet. Die Küche wartet mit erlesenen Köstlichkeiten auf, für die der alte, zur Terrasse umgebaute Obstgarten den passenden Rahmen abgibt. Lassen Sie den Blick über die liebliche Landschaft der Valdichiana schweifen und sich von dem Ort verzaubern, der zum Ausruhen und Verweilen einlädt.

3. Tag – Montag
San Martino – Cortona – San Martino

Zum Frühstück gibt es hausgemachtes Gebäck und Marmelade aus eigener Herstellung. Vom freskenverzierten Saal blickt man in den grünen Park und von dort aus über die weite Ebene, die sich bis zum Trasimenischen See und den dahinter liegenden Bergen zieht.

Das tiefgrüne Umbien kündigt sich zwar schon an, doch noch befinden Sie sich auf toskanischem Gebiet. Kaum ein anderer Teil der Region ist so lieblich und friedlich. In dieser Gegend zeigen sich die Felder und Weiler, Hügel und Zypressenreihen von ihrer schönsten Seite.

Fahren Sie nach Cortona, das von einem Wall umschlossen auf einem Hügel thront. Die uralte Stadtmauer ist noch intakt und zieht sich rund um den Ort. Von außen fühlt man sich an ein Tablett erinnert, auf dem die Stadt so dargeboten wird, dass man sie auf einen Blick erfassen kann. Nicht von ungefähr wird sie auch »Stadt in der Vitrine« genannt, denn sie sieht nicht nur so aus, sondern bietet auch eine Fülle von Monumenten, die an ihre lange Geschichte und hohe Bedeutung in der Vergangenheit erinnern.
Betreten Sie den Ort durch die Porta Sant'Agostino. Über die Via Guelfa gelangen Sie auf die Piazza und damit ins Herz der Altstadt. Mit Sicherheit werden die kurvenreichen Gässchen, die sich allenthalben verzweigen, die reizvollen Häuser und Läden, die einsamen Plätze und wunderschönen Blicke zwischen Häusern hindurch auf das Umland auch Sie faszinieren.
An die glanzvolle Vergangenheit erinnern hier zahlreiche Kunstwerke, bedeutende Gebäude und Denkmäler sowie natürlich die Stadtmauer, die die Jahrhunderte unbeschadet überstanden hat.
Zum Ende des Sommers findet in Cortona im Palazzo Vagnotti aus dem 18. Jahrhundert und im benachbarten Palazzo Casali die **Mostra Mercato Nazionale del Mobile Antico** (Nationale Antiquitätenmesse) statt, eine Ausstellung, auf der es nicht nur Möbel, sondern auch Teppiche, Bilder, Schmuck und hochwertige Keramik zu sehen gibt.

Mostra Mercato Nazionale del Mobile Antico
Palazzo Vagnotti und Palazzo Casali
Cortona
Tel. (0575) 630353
Letzter Sa im Aug bis 2. So im Sep

Besuchen Sie die Messe und bewundern Sie vor dem Palazzo Casali die einzigartige Sammlung von Wappen an der Fassade. Sie erinnert an die Macht der Geschlechter, die einst hier ansässig waren und die Geschicke der Stadt bestimmten.
Der nachfolgend beschriebene Rundgang berücksicht in erster Linie Antiquitätenläden, die anlässlich der Messe natürlich mit ihren schönsten Stücken aufwarten.
In der Via della Propositura Nr. 2 verkauft die **Galleria Villa Miravalle** Möbel toskanischer und französischer Herkunft. Bei **Bucaletti** (Piazza Signorelli Nr. 28) finden Sie Möbel und Küchengeräte aus dem 17. Jahrhundert. Folgen Sie nun der Via Nazionale, um zu **Il Beato Angelico** (Nr. 13) und **Antonella Marri** (Nr. 36) zu gelangen. Hier bekommen Sie alte Möbel, gleich nebenan bei **Castellani** (Nr. 37) außerdem noch alte Spiele und andere Objekte. **Vicolo Buio** (Nr. 47) hat sich auf Einrichtungsgegenstände aus dem 19. Jahrhundert spezialisiert.
Lassen Sie die Antiquitätenläden für kurze Zeit links liegen und begeben Sie sich zu **Cocciaio** (Nr. 54), wo Sie Tongefäße im für Cortona typischen Dekor erwerben können.
Beenden Sie Ihren Rundgang am Ende der Straße auf der Piazza Garibaldi. Sicher haben Sie Hunger, den das **Ristorante Da Tonino** auf angenehmste Weise stillen wird.
Wer noch immer nicht genug Antiquitäten gesehen hat, kann den Nachmittag auf der Messe verbringen. Ansonsten empfiehlt sich ein Besuch im **Museo dell'Accademia Etrusca** mit dem berühmten etruskischen Radleuchter und der jüngst restaurierten *tabula cortonensis*. Interessante Funde bietet auch das **Diözesanmuseum** mit einer *Verkündigung* von Beato Angelico und Werken von Lorenzetti, Sassetta und Luca Signorelli, einem der berühmtesten Söhne der Stadt.

Museo Accademia Etrusca
Piazza Signorelli 9
Cortona
Tel. (0575) 630415
Di–So 10–13 und 15–17 Uhr

Museo Diocesano (Diözesanmuseum)
Piazza Duomo 1
Cortona
Tel. (0575) 62830
Apr–Sep 9.30–13 und 15.30–19 Uhr; Okt–März 9–13 und 15–17 Uhr

Bei schönem Wetter sollten Sie frühzeitig ins Hotel zurückkehren und vor dem Abendessen ein erfrischendes Bad im Pool zwischen den Olivenbäumen nehmen. Auch diesmal wird es Ihnen vermutlich schwer fallen, sich für eines der vielen köstlichen Gerichte auf der Speisekarte zu entscheiden. Schon der Gedanke an Mangold-Bohnen-Ravioli in Pecorinocreme, Aalrouladen auf dem Kräuterbett oder Kalmaren mit Gemüsefüllung, Oliven und Petersilienöl lässt das Wasser im Mund zusammenlaufen.
Die schöne Landschaft, die luftige Terrasse, die friedvolle Atmosphäre und ein guter Digestif sorgen mit Sicherheit für einen gesunden Schlaf.

4. Tag – Dienstag
San Martino – Cortona – Montepulciano – Montefollonico

Packen Sie die Koffer und nehmen Sie Abschied. Fahren Sie noch einmal Richtung Cortona, jedoch nicht ins Stadtzentrum. Bleiben Sie außerhalb der Mauer und folgen Sie den Wegweisern zur Porta Colonia und zum **Convento delle Celle**.

Convento delle Celle
Straße nach Città di Castello
Cortona

Diesmal stehen keine bedeutenden Kunstwerke oder Sehenswürdigkeiten auf dem Programm. Das Kloster lohnt den Besuch vielmehr wegen seiner außergewöhnlichen Atmosphäre, denn obgleich es nicht weit von der Stadt entfernt ist, wirkt es doch völlig isoliert und fernab von allem weltlichen Geschehen. Der hl. Franz gründete es an der Wand einer natürlichen Felsspalte im Wald, die mit den Mauern der Gebäude zu verschmelzen scheint.

Durch Gemüsegärten und sorgfältig gepflegte Terrassenkulturen mit Blumen, die zwischen Tomatenpflanzen sprießen, geht es zum Kloster. Zuvor müssen Sie noch eine kleine Brücke überqueren, die über einen aus den Felsen entspringenden Bach führt. Das leise Murmeln des Wassers begleitet Sie bis zum Portal der Kirche aus dem 16. Jahrhundert und zur winzigen Zelle des hl. Franz, die bis heute erhalten blieb. Die Atmosphäre ist so mystisch, dass man die Gegenwart des Heiligen zu spüren glaubt. Nutzen Sie diesen Ort der Ruhe zur inneren Einkehr, entspannen Sie sich und hängen Sie Ihren Gedanken nach.

Folgen Sie anschließend der Straße nach Foiano, um die **Abbazia di Farneta** zu besichtigen, die Benediktinermönche bereits zwischen dem 9. und 10. Jahrhundert gegründet haben. Die Kirche steht einsam in der Landschaft und verdankt ihr heutiges Aussehen im Wesentlichen einem Priester, der unermüdlich an ihrem Wiederaufbau arbeitet. Besucher können die eigenartig geformte Krypta besichtigen und die Tonnen- und Kreuzgewölbe bewundern, die auf schön verzierten Pfeilern aus Travertin, Marmor, Granit und Schiefer ruhen.

Abbazia di Farneta
Centoia per Farneta 1
Tel. (0575) 610010

Seit vielen Jahrzehnten lebt Don Sante Felici in dem kleinen Haus neben der Kirche. Feste Sprechzeiten gibt es nicht, wer kommt, wird mit gleich bleibender Freundlichkeit empfangen. Don Sante interessiert sich für eine Vielzahl von Gebieten und pflegt viele Leidenschaften. Er studiert alte Bücher, macht Ausgrabungen und setzte in jahrelanger Kleinstarbeit sogar einen antiken, vier Meter großen Steinelefanten wieder zusammen, den er anschließend dem Paläontologischen Museum in Florenz zur Verfügung stellte. In seinem Haus neben der Kirche bewahrt er weitere Funde auf. Seine Haushälterin Stefania zeigt sie auf Wunsch Besuchern. Der Priester selbst ist inzwischen 88 Jahre alt, doch seine Stimme klingt immer noch hell und jugendfrisch.

Lassen Sie Foiano hinter sich und folgen Sie der Straße nach Montepulciano. Der Weg führt an der sehenswerten Chiesa di San Biagio vorbei in Richtung Pienza bis zur Abzweigung nach Montefollonico.

Der winzige Ort liegt auf einem kegelförmigen Felsen inmitten von sanften Hügeln unweit der Crete Senesi. Ziel des heutigen Tages ist die alte Ölmühle **La Chiusa**. Seit Jahrhunderten scheint sich hier nichts verändert zu haben: Nicht nur das Gebäude, auch die umliegende Landschaft wirkt, als sei die Zeit stehen geblieben. Erst bei genauerem Hinsehen bemerkt man den gepflegten Innenhof, die sorgfältig angeordneten Blumen und die Beete, auf denen eine Vielzahl unterschiedlicher Gemüsesorten gedeiht. Spätestens jetzt wird klar, dass es sich nicht um eine einfache Mühle handeln kann.

Hotel La Chiusa
Via della Madonnina 88
Montefollonico
Tel. (0577) 669668

Dania und Umberto Lucherini bemühen sich tatsächlich, Landschaft und Gebäude möglichst wenig zu verändern und auch im Innern den Charme des Alten zu erhalten. Vermutlich wird es Ihnen schwer fallen, sich für eines der Zimmer zu entscheiden. Der Hausherr führt Sie gern durch die Räume, die rund um den inneren Kern angelegt wurden, doch

kaum glaubt man, das Passende gefunden zu haben, präsentiert er schon die nächste gemütliche Kammer mit Blick auf das Tal und einem noch hübscheren Bad, und man hat erneut die Qual der Wahl.
Im unteren Teil der Mühle stehen noch mehrere Zimmer zur Verfügung, was die Lösung des Problems nicht eben einfacher macht. Die Räume sind wirklich groß, fast gleichen Sie Speisesälen mit Bädern, die an Schwimmbecken erinnern. Wenn Sie ein eher ausgefallenes Ambiente bevorzugen, sollten Sie sich für eines dieser Zimmer entscheiden, mögen Sie es lieber ländlich und romantisch, ist einer der oberen Räume mit Sicherheit genau das Richtige für Sie.
Nun ist es an der Zeit für das Mittagessen. Auch die Gaststube hält mit ihrer rustikalen, schlichten Eleganz noch manche Überraschung bereit. Umbertos freundlicher Empfang und die schöne Atmosphäre versetzen Sie gewiss in eine euphorische Stimmung, in der Sie Danias hervorragende Küche würdigen können. Phantasie und Kreativität bestimmen die Zusammensetzung der Speisen, doch Dania bemüht sich ganz bewusst um schlichte, naturbelassene Zutaten und sorgt dafür, dass der Eigengeschmack der hochwertigen frischen Ingredienzien erhalten bleibt. Die Köchin stellt nicht nur großes Talent, sondern auch ihren Sinn für ausgewogene Kost unter Beweis. Jedes der schlichten und doch kunstvollen Gerichte schmeckt unverwechselbar und harmonisch.
Der Nachmittag steht zur freien Verfügung. In der Nähe befinden sich gleich mehrere interessante Orte, zum Beispiel Papst Piccolominis wunderschöne Heimatstadt Pienza oder Montepulciano mit seinen prachtvollen Häusern, alten Weinkellern und der schön angelegten Piazza Grande. Auf dem Rückweg sollten Sie sich in aller Ruhe die bemerkenswerte Chiesa di San Biagio anschauen.
Machen Sie noch kurz Halt in Montefollonico, das Sie rasch erkunden können, und kehren Sie anschließend zu ihrem Domizil zurück, wo Umberto und Dania Sie zu einem weiteren Gaumenschmaus erwarten.

5. Tag - Mittwoch
Montefollonico – Montepulciano

Begrüßen Sie den Morgen bei selbst gemachter Marmelade und anderen Köstlichkeiten aus der Eigenproduktion der Hausherrin, die stets perfekt gekleidet aus der Küche tritt, um die Gäste zu begrüßen. Nun heißt es Abschied nehmen. Der Aufenthalt war kurz, aber so angenehm, dass man ihn gern verlängern würde und sich auf ein Wiedersehen freut.
Die Straße nach Montepulciano führt zur Autostrada del Sole. Von dort aus kommen Sie sicher an den Ausgangspunkt Ihrer Reise zurück.

Oktober *Trüffeln und Pilze in der Heimat von Piero della Francesca*

Fünf Tage in der zweiten oder dritten Oktoberwoche

1. Tag – Freitag
Arezzo – Sansepolcro (Gricignano)

Fahren Sie so nach Arezzo, dass Sie am frühen Nachmittag dort eintreffen. Die Reise auf den Spuren von Piero della Francesca sollte natürlich mit dem berühmten Freskenzyklus des Künstlers, der *Leggenda della Vera Croce,* in der **Chiesa di San Francesco** beginnen. Das ausdrucksstarke Werk wurde auf wissenschaftlich fundierter Basis sorgfältig restauriert und erstrahlt jetzt wieder in üppig leuchtenden Farben.

Chiesa di San Francesco
Piazza San Francesco
Besichtigung der Fresken nach Voranmeldung
Tel. (0575) 900404
Mo–Fr 9–17.30 Uhr, Sa 9–17 Uhr, So 13–17 Uhr

Kehren Sie Arezzo den Rücken und folgen Sie der Straße nach Sansepolcro. Kurz vor dem Ortseingang liegt inmitten der grünen Valtiberina das Dörfchen Gricignano, wo sich der **Centro Ippico Agrituristico Podere Violino** befindet, Ihre Herberge für die nächsten Tage. Das alte Bauernhaus wurde aufwändig und mit großer Sorgfalt restauriert, sodass der ursprüngliche Charme erhalten blieb. Sobald man das Hotel betritt, spürt man die authentische und zugleich familiäre Atmosphäre.

Centro Ippico Agrituristico Podere Violino
Gricignano
Sansepolcro
Tel. und Fax
(0575) 720323 oder
(0575) 720174

Roberta, die heutige Besitzerin, beschloss eines Tages, aufs Land zu ziehen und den Traum von einer eigenen Reitschule zu verwirklichen. Sie kaufte das Anwesen und richtete es als Hotel her. Das übrige Gelände nutzt sie für ihr hervorragend organisiertes und geführtes Reitzentrum, in dem sie auch selbst Stunden gibt.

Verbringen Sie die Urlaubstage so, wie es Ihnen am besten gefällt: Wenn Sie sich für Pferde interessieren, können Sie die Angebote der Reitschule wahrnehmen, einen Anfängerkurs belegen oder Ihren Stil verbessern. Falls Sie bereits gut reiten können, bieten sich Ausflüge ins wunderschöne, von Reitpfaden durchzogene Tal an.

Mit Sicherheit werden Sie am Abend das Essen genießen, das in einer gemütlichen Gaststube serviert wird.

2. Tag – Samstag
Sansepolcro – Sant'Angelo in Vado – Sansepolcro

Vom zweiten Oktoberwochenende an findet in Sant'Angelo in Vado an vier Wochenenden ein Markt für landwirtschaftliche Erzeugnisse aus der Region statt. Heute bietet sich ein Besuch in dem hübschen Ort an.

Fahren Sie von Podere Violino nach Sansepolcro und weiter in Richtung Urbino. Der Weg führt durch eine reizvolle Landschaft aus Hügeln und Wäldern im Grenzgebiet zwischen der Toskana, Umbrien und den Marken. In dieser Gegend mischen sich Dialekt, Küche und Kultur dreier Regionen, was gerade in Sant'Angelo besonders deutlich zu spüren ist.

Die Straßen haben sich in einen einzigen riesigen Markt verwandelt, auf dem jeder vor seiner Haustür das Leckerste anbietet, was Küche und Garten zu bieten haben: Hier gibt es Früchte vom eigenen Obstbaum, dort Oliven oder Gemüse. Hausfrauen verkaufen selbst gemachte Marmelade, Käse oder Kastanien. Auch frische Steinpilze aus dem Wald, schwarze und sogar die noch kostbareren weißen Trüffeln liegen zum Verkauf aus.

Man fühlt sich unweigerlich ins Schlaraffenland versetzt. Hier gibt es keine Normgrößen, man kauft in kleinen Mengen – hier ein Schüsselchen Nüsse, dort eine Tasse Oliven, am nächsten Stand fünf rotwangige Äpfel und etwas weiter vier schwarze Trüffeln. Nur die weißen Trüffeln werden nach Gewicht verkauft, die übrigen Waren dagegen nach Stück.

Falls Sie vom vielen Kosten und Naschen noch nicht satt sind, können Sie in der **Trattoria Taddeo e Federico da Mario** zu Mittag essen. Mario führt das Lokal, die beiden anderen Namen erinnern an Taddeo und Federico Zuccari, zwei Maler des 16. Jahrhunderts, die in Sant'Angelo zur Welt kamen.

Trattoria Taddeo e Federico da Mario
Via Mancini 4
Sant'Angelo in Vado
Tel. (0722) 810101

Während des Marktes serviert Mario das Essen allerdings nicht in der Gaststube, sondern im Hof des Palazzo Mercuri. Dort können Sie Spezialitäten aus seiner Küche kosten, zum Beispiel Kartoffelauflauf mit weißen Trüffeln, Fondue mit Montefeltro-Pecorino oder Cappelletti mit Pecorinofüllung und weißen Trüffeln.

Machen Sie am Nachmittag einen Abstecher nach Sansepolcro, um seine imposanten Renaissance-Palazzi und mittelalterlichen Häuser zu besichtigen. In der Via Matteotti Nr. 18 können Sie Klöppelspitzen kaufen, die seit Urzeiten in Sansepolcro gefertigt werden. In der Via XX Settembre sind zahlreiche Goldschmiede und Juweliere ansässig, denn auch die Schmuckherstellung gehört zu den typischen Handwerkstraditionen der Stadt.

Zum Abendessen bietet sich das **Ristorante L'Oroscopo** an. In elegantem Rahmen servieren Paola und Marco Mercati Köstlichkeiten auf hohem gastronomischem Niveau.

L'Oroscopo di Paola e Marco
Via Togliatti 68
Pieve Vecchia
Sansepolcro
Tel. (0575) 734875
nur abends; So geschl.

3. Tag - Sonntag
Sansepolcro – Anghiari – Sansepolcro

Widmen Sie den Vormittag Piero della Francesca und seinem Heimatort. Beginnen Sie Ihre Besichtigungstour mit einem Besuch im **Museo Civico** von Sansepolcro, das einige der berühmtesten Werke des Künstlers zeigt. Zu ihnen gehörten sein Auferstehungs-Fresko, der Miserikordien-Altar und Teile weiterer Fresken sowie die Bilder *San Giuliano* und *San Ludovico*. Auch andere Künstler, etwa Signorelli, Pontormo, Santi di Tito und Perugino, sind hier vertreten. Im großen Saal im Zwischengeschoss befindet sich ein riesiger romanischer Basrelieffries, der aufgrund seiner Größe, der Thematik und der Epoche, aus der er stammt, eine echte Seltenheit darstellt.

Museo Civico
Via Aggiunti 5
Sansepolcro
Tel. (0575) 732218
Okt–Mai 9.30–13 und 14.30–18 Uhr;
Juni–Sep 9–13.30 und 14.30–19.30 Uhr

Nur wenige Schritte vom Museum entfernt erhebt sich der elegante Renaissance-Palazzo (Nr. 71), in dem der Maler lebte. Das Gebäude wird heute von der Fondazione Piero della Francesca verwaltet und steht Besuchern nur zu besonderen Gelegenheiten offen.

Begeben Sie sich anschließend in den romanischen **Dom**. Im Innern sticht eine einzelne Holzfigur des gekreuzigten Christus ins Auge. Einer alten Überlieferung zufolge stammt sie aus der Werkstatt von Nikodemus. Jesus selbst soll den Künstler inspiriert haben, weshalb das Kreuz den Beinamen »del Volto Santo« (vom heiligen Angesicht) erhielt. Das Kreuz ist seit jeher Gegenstand der Verehrung, viele Menschen kommen hierher, um zu seinen Füßen zu beten.

Cattedrale di Sansepolcro
Via Giacomo Matteotti
Sansepolcro
Tel. (0575) 742129
7–12 und 15–19 Uhr

Einen Besuch lohnt auch die Chiesa di San Lorenzo, die eine sehenswerte Grablegung von Rosso Fiorentino birgt. Zur Chiesa di San Francesco, die im 14. Jahrhundert entstand, gehört ein schöner Kreuzgang.

Verlassen Sie Sansepolcro und fahren Sie nach Anghiari. Der Ort liegt auf einem Hügel mit Blick auf die Valtiberina. Der mittelalterliche Ortskern ist bis heute intakt geblieben. Zur Zeit der Römer trug die Stadt den Namen *Castrum angulare*, vielleicht wegen des eckigen Felsens, auf dem sie thront. Italienische Schulkinder kennen den Ort, weil hier eine berühmte Schlacht zwischen Florenz und Mailand stattfand. Leonardo da Vinci stellte sie auf einem Fresko im Palazzo Vecchio in Florenz dar, das leider verloren ging.

Nehmen Sie das Mittagessen in der alten **Trattoria Nena** ein und versäumen Sie es nicht, die berühmte Wildpastete mit Fasanen- und Rebhuhnfleisch zu probieren. Schwerer fällt die Auswahl zwischen den zahlreichen Pilzgerichten, einer weiteren Spezialität von Nena.

Ristorante Nena
Corso Matteotti 14
Anghiari
Tel. (0575) 789491
Mo geschl.

Nehmen Sie sich am Nachmittag Zeit, um die alten Palazzi, Häuser und typischen Straßen im Viertel rund um die Piazza del Popolo zu erkunden. Mit etwas Glück können Sie vor dem Theater von Anghiari bei den Vorbereitungen für eine Operninszenierung zuschauen, denn um diese Jahreszeit organisiert das Theater häufig gemeinsame Aufführungen mit ausländischen Ensembles.
Beenden Sie Ihren Rundgang – mit oder ohne Oper – und kehren Sie nach Podere Violino zurück, wo Sie sich bis zum Abendessen etwas Ruhe gönnen sollten.

4. Tag – Montag
Sansepolcro – Caprese Michelangelo – Badia Tedalda – Sansepolcro

Auch wenn eigentlich Piero della Francesca im Mittelpunkt der Reise steht, sollten Sie unbedingt einen Abstecher nach Caprese Michelangelo machen, um die Heimatstadt des wohl berühmtesten Künstlers der Toskana zu besichtigen. Der Ort mit der kleinen Festung eröffnet aus luftiger Lage schöne Ausblicke.
Fahren Sie in Richtung Anghiari und folgen Sie den Wegweisern nach Albiano. Caprese Michelangelo liegt kurz hinter San Teodoro in etwa 600 Metern Höhe inmitten einer herrlichen Landschaft. In der Antike siedelten hier zunächst Ligurer und Umbrer, dann die Etrusker. Immer wieder wurde die Stadt von verschiedenen Stämmen belagert. Die Burg aus dem 13. Jahrhundert ist heute restauriert. Im Innern erhebt sich die Casa del Podestà (Bürgermeisterhaus), in der Michelangelo zur Welt kam, denn sein Vater Ludovico war damals Ortsvorsteher. Heute befindet sich in dem Gebäude außer dem Rathaus auch ein Museum, das Stücke und Werkkopien des Künstlers sammelt und sein Leben dokumentiert.
Nach der Besichtigung des **Museo Michelangiolesco** sollten Sie sich Zeit für einen Imbiss im nahe gelegenen Ristorante **Buca di Michelangelo** nehmen.

Museo Michelangiolesco
Via Capoluogo
Caprese Michelangelo
Tel. (0575) 793776
16. Juni–31. Okt werktags 9.30–18.30 Uhr, Wochenende u. Feiertage 9.30–19.30 Uhr;
1. Nov–15. Juni werktags 10–17 Uhr, Feiertage 10–18 Uhr; Mo geschl.

Ristorante Buca di Michelangelo
Via Roma 51
Caprese Michelangelo
Tel. (0575) 793921
Mi geschl.

Fahren Sie anschließend weiter in Richtung Pieve Santo Stefano bis nach Badia Tedalda. Bevor Sie Ihr eigentliches Ziel ansteuern, können Sie noch einen kleinen Umweg zur **Eremo di Cerbaiolo** mache. Die Einsiedelei aus dem 8. Jahrhundert liegt auf einem Felsen, die angeschlossene Kapelle ist dem hl. Antonius von Padua geweiht und das Lager, auf dem er sich angeblich ausruhte, blieb bis heute erhalten. Die Innenräume sind nicht zugänglich.
In diesem Teil der Toskana gibt es besonders viele historische Monumente, die in die lange Geschichte der Provinz zurückführen. Außerdem stehen hier zahlreiche romanische Sakralbauten, darunter der Convento della Verna und die Abteien Tifi und Subcastelli.
Der Weg führt nun durch eine reizvolle Landschaft: In den Tälern und auf den Lichtungen weiden Chianine, Kühe einer besonderen Rasse, die eine sorgfältige Aufzucht benötigen. Die bunten Farben des Herbstes wechseln mit braunen Flecken von Köhlereien, die an eine der ältesten und von den Bewohnern bis heute gehütete Handwerkstradition erinnern.
Wenn Sie Badia rechtzeitig erreichen, können Sie vielleicht noch die fünf wunderschönen Statuen von Luca della Robbia in der Abbazia di San Michele Arcangelo besichtigen. Eigentlicher Grund des Besuchs ist jedoch das **Festival del Tartufo,** das immer um diese Jahreszeit stattfindet. Das **Ristorante Il Sottobosco** nutzt die Gelegenheit, um eine Vielzahl von Trüffelgerichten vorzustellen. Domenico Gregori lädt im Oktober montags und dienstags verschiedene Köche ein, die sich auf die Verarbeitung der kostbaren Zutat spezialisiert haben. Sie haben die einmalige Gelegenheit, im Rahmen des damit verbundenen Wettkochens in den Genuss der Köstlichkeiten zu kommen. Das Spektakel ist keinesfalls steif, denn eigens bestellte Komiker sorgen für einen Abschluss in fröhlicher Runde.
Der Rückweg nach Podere Violino dauert etwas länger als an den übrigen Abenden, doch der Weg hat sich mit Sicherheit gelohnt.

Festival del Tartufo – Ristorante Il Sottobosco
Svolta del Podere
Badia Tedalda
Tel. (0575) 714240

5. Tag – Dienstag

Lassen Sie sich am Morgen etwas länger Zeit, ehe Sie aufbrechen, um eines der Werke von Piero della Francesca zu besichtigen. In Monterchi, einem kleinen Dorf in der Nähe von Sansepolcro, wurde eine winzige Schule zum **Museum** umgewandelt, um della Francescas *Madonna del Parto* (Maria der Entbindung) zu präsentieren. Das wunderschöne Fresko, das lange Zeit in Vergessenheit geraten war, zieht jeden Betrachter unweigerlich in seinen Bann. Der ungewöhnlich bescheidene Rahmen passt hervorragend zu dem Meisterwerk, die Devise »weniger ist mehr« wurde hier perfekt umgesetzt. So kommt es, dass das schlichte und dennoch eindringliche Bild vielleicht besser zur Geltung kommt, als dies in einem großen Museum der Fall gewesen wäre.

Museo della Madonna del Parto
Via Reglia 1
Monterchi
Tel. (0575) 70713
9–13 und 14–18 Uhr (Sommerzeit bis 19 Uhr); Juli u. Aug auch 21–23.30 Uhr, Mo geschl.

Der Maler widmete das Fresko seiner Mutter, die in Monterchi begraben wurde, und stellte seine Maria vielleicht gerade deshalb als schwangere Frau dar. Lange Zeit dachte niemand mehr an das Bild in der kleinen Friedhofskapelle. Die irreparablen Schäden, die es davontrug, konnten zum Glück mit Hilfe moderner Restaurationstechniken weitgehend unsichtbar gemacht werden.

Ebenfalls in Monterchi birgt der Palazzo Massi-Alberti in der Via XX Settembre den **Museo di Pesi, Stadere e Bilance**. Die Ortolani-Sammlung wartet mit einer außergewöhnlichen Fülle alter Waagen und Gewichte auf.

Museo di Pesi, Stadere e Bilance
Palazzo Massi-Alberti
Via XX Settembre
Monterchi
Tel. (0575) 70713
9–13 und 14–18 (Sommerzeit bis 19 Uhr)
Mo geschl.

Nach dem Besuch des Museums ist es Zeit für das Mittagessen. **Al Travato**, eine hübsche Taverne und Weinstube, befindet sich unterhalb des Felsens, der den Ort überragt. Hier können Sie das typische Eintopfgericht der Stadt probieren.

Taverna-Enoteca
Al Travato
Monterchi
Tel. (0575) 70111
Mo geschl.

An diesem letzten Nachmittag Ihrer Reise möchten Sie vielleicht noch einige Einkäufe erledigen. Zu diesem Zweck empfiehlt sich eine Rundfahrt zu verschiedenen Ateliers und Läden der Region, die Produkte aus eigener Herstellung verkaufen. Bevor Sie Monterchi verlassen, sollten Sie noch die **Bottega del Pozzo Vecchio** gleich neben dem Museum aufsuchen, die ebenfalls regionale Spezialitäten anbietet.

La Bottega del Pozzo Vecchio
Via Ospedale 13
Monterchi
Tel. (0575) 70743

Fahren Sie danach in Richtung Anghiari, wo die **Weberei Busatti** seit 1842 im Erdgeschoss und den Kellerräumen des Palazzo Morgalanti aus reinen Naturfasern Stoffe für den Hausgebrauch herstellt. Auf alten Maschinen wird Wolle aus dem Appenin gesponnen, auf den Webstühlen reproduziert man mit den Techniken von einst traditionelle Muster.

Tessitura Busatti
Via Mazzini
Anghiari, Tel. (0575) 788013

Bei **Calzaturificio Soldini,** ebenfalls in Anghiari, können Sie handgefertigte Damen- und Herrenschuhe erwerben.

Calzaturificio Soldini
Via della Battaglia 19
Anghiari
Tel. (0575) 789731

Verlassen Sie Anghiari und kehren Sie nach Sansepolcro zurück. **Autostir** (Ingram) hat sich einen Namen als Spezialist für schicke Hemden gemacht. Bei **Cose di Lana** finden Sie Herrenpullover sowie Jacken und Kostüme in klassischen und modischen Designs.

Autostir Ingram
Via Inghirami 1
Sansepolcro
Tel. (0575) 735873

Cose di Lana
Zona industriale Santa Fiora
Sansepolcro
Tel. (0575) 720333

Wenn Sie Kräuter mögen, gerne Tee trinken, sich für alte Heil- und Arzneimittel interessieren oder Ihr Haus mit Trockenblumen schmücken möchten, sind Sie bei **Aboca** genau an der richtigen Adresse.

Aboca
Sansepolcro
Tel. (0575) 7461

Verbringen Sie den letzten Abend in der herzlichen und familiären Atmosphäre des Hotels. Wenn Sie einen besonderen Wunsch für das Abendessen haben, wird Roberta bestimmt versuchen, ihn zu erfüllen.

6. Tag – Mittwoch

Wieder einmal ist es Zeit abzureisen. Nachdem Sie sich verabschiedet haben, verläuft der Weg über die Schnellstraße Richtung Perugia bis nach Valdichiana, falls Sie nach Süden wollen. Liegt Ihr Ziel im Norden, nehmen Sie die Straße, die sich durch das Tal schlängelt, ehe sie an Palazzo del Pero vorbei nach Arezzo und zur Autostrada del Sole führt.

November Chianti, Brunello und Gutshofküche

6 Tage in der ersten oder zweiten Novemberwoche

1. Tag – Samstag

Ausgangspunkt und Ziel der Reise ist diesmal Radda. Sie können sowohl von Siena als auch von Florenz aus über die antike Via Cassia ins Herz des Chianti gelangen. Die Straße verbindet die beiden alten Provinzen und gibt Reisenden schon auf der Fahrt die Gelegenheit, sich mit der einzigartigen Geschichte und Landschaft der Toskana vertraut zu machen.

Die Autostrada del Sole ist mit Sicherheit weniger reizvoll, führt aber rascher zum Ziel. Nehmen Sie die Ausfahrt Valdarno und folgen Sie den Wegweisern nach Gaiole. Nach kurzer Zeit verlassen Sie die nüchterne Ebene und gelangen ins Gebiet der Hügel. Von hier aus geht es weiter bis nach Radda und Volpaia.

Inmitten der herrlichen Landschaft des Chianti erhebt sich in 600 Metern Höhe das Anwesen **La Locanda**. Es liegt inmitten von Wäldern, Olivenhainen und Weinfeldern genau gegenüber der mittelalterlichen Stadt Volpaia. Hier herrscht die typische Atmosphäre und Gastfreundschaft eines Landhotels, das von den Eigentümern persönlich geführt wird.

Relais La Locanda
Località Montanino di Volpaia
Radda in Chianti
Tel. u. Fax (0577) 738833

Martina und Guido haben ihr Leben in der Stadt aufgegeben und die Gebäude zu einem kleinen Relais umgestaltet, in dem sie wohnen, arbeiten und Gäste empfangen. Unter ihrer freundlichen Obhut können Sie sich in den nächsten Tagen entspannen und den Alltag vergessen.

Die Auswahl der Zimmer fällt nicht sehr schwer, denn es stehen nur sechs Doppelzimmer und eine Suite zur Verfügung. Einer der Räume ist etwas größer als die übrigen fünf, vier eröffnen herrliche Ausblicke auf die umliegende Landschaft.

Zur Begrüßung wird in der Bibliothek ein Aperitif gereicht, doch am besten nimmt man ihn mit hinüber ins Wohnzimmer, wo um diese Jahreszeit ein Kaminfeuer brennt. Beide Räume befinden sich in den ehemaligen Stallungen und sind genauso gemütlich eingerichtet wie die Gaststube, in der nun bald ein köstliches Abendessen auf den Tisch kommt.

2. Tag – Sonntag
Radda – Gaiole – Brolio – Cacchiano – Radda

Bei schönem Herbstwetter können Sie auf der Terrasse frühstücken und den Blick auf die Weinberge genießen, die alle Hügel bedecken, so weit das Auge reicht. Die Lese ist vorbei, das Laub der Reben leuchtet in allen Farben von strahlendem Gelb bis Rostrot. Hier und da sieht man sogar noch ein paar zartgrüne Flecken.

Die Region ist in aller Welt für ihren Wein, aber auch wegen der herrlichen Landschaft bekannt. Der Tourismus hat davon stark profitiert: Alljährlich wird die Gegend mehrere Monate lang zum Tummelplatz für ungezählte Urlauber. Die Region blickt auf eine jahrtausendealte Geschichte zurück, die ihr Aussehen stark geprägt hat. Die Natur hat den Landstrich mit grünen Hügeln, schattigen Kastanien- und Eichenwäldern gesegnet, dazwischen errichteten die Menschen Dörfer und Burgen, Kirchen und Paläste und schufen Raum für Kunst und Kultur. Die Bauern rodeten in mühsamer Arbeit Wälder, pflanzten Sonnenblumen und Olivenbäume und legten jene rechteckigen Weinfelder an, die bis heute das Bild bestimmen.

Im November halten sich nur noch wenige Touristen in der Region auf. Die Einheimischen keltern die kurz zuvor gelesenen Trauben und bereiten sich auf die Olivenernte vor. Um diese Jahreszeit kann man den Chianti von seiner authentischsten Seite kennen lernen. Gleich am ersten Tag steht ein Besuch der bekanntesten Weinkellereien und ältesten Burgen der Region auf dem Programm. Verlassen Sie Radda und fahren Sie auf der Staatsstraße 429 bei Kilometer 30 in Richtung **Villa Vistarenni** ab. Das Weingut aus dem 16. Jahrhundert ist noch hervorragend erhalten. Wenn Sie sich rechtzeitig angemeldet haben, können Sie die Weinkeller besichtigen und natürlich auch gute Tropfen kaufen, zum Beispiel einige Flaschen Chianti Classico Assòlo, Codirosso oder Chianti Classico Gallo Nero Fattoria di Vistarenni. Auch Vinsanto, Essig, Grappa und Olivenöl sind im Angebot.

Fattoria di Vistarenni
Radda in Chianti
Tel. (0577) 738186
nach Voranmeldung

Fahren Sie nun weiter in Richtung Badia a Coltibuono bis nach Gaiole in Chianti. Ganz in der Nähe liegt die Burg Vertine aus dem 11. Jahrhundert, deren ursprüngliche Struktur genau wie Teile des Mauerwerks erhalten blieben.

Nicht weit entfernt ist Spaltenna, eine der bedeutendsten historischen Stätten des Chianti. Die Festung mit einem romanischen Kloster wurde restauriert, in einigen Teilen des Komplexes befindet sich heute ein Hotel mit dem Namen **Castello di Spaltenna**. Die ehemaligen Mönchszellen und die beiden Seitentürme wurden liebevoll umgebaut und beherbergen heute die Gäste. Die ältesten erhaltenen Teile des Komplexes stammen von 1003, damals hieß er noch San Pietro in Avernano. Die Gebäude blieben hervorragend erhalten und wurden jüngst von späteren Überbauungen befreit, sodass die gerade in ihrer Schlichtheit beeindruckenden Ursprünge jetzt wieder freiliegen.

Albergo Castello di
Spaltenna
Gaiole in Chianti
Tel. (0577) 740483

Kurz hinter Spaltenna, an der Abzweigung nach Castagnoli, erhebt sich das Castello di Meleto. Früher stand es unweit der Grenze zwischen Florenz und Siena und wechselte deshalb im Laufe der Jahrhunderte häufig den Besitzer. Immer wieder wurde die Burg im Rahmen der Kämpfe, die beide Städte sich lieferten, belagert und angegriffen. Mehrmals zerstört und wieder aufgebaut, wandelte man Meleto im 18. Jahrhundert endgültig in eine Villa um. An die einstige Festung erinnern noch die Türme, die dem Komplex einen besonderen Reiz verleihen.

Fahren Sie nun zunächst in Richtung Siena, dann jedoch über die Staatsstraße 484 nach Castelnuovo di Berardegna. Nach einiger Zeit zweigt eine Zypressenallee ab, die direkt zur **Osteria del Castello di Brolio** führt. Hohe Mauern und mächtige Bollwerke umschließen die imposante Festung.

Ristorante l'Osteria del
Castello di Brolio
Gaiole in Chianti
Tel. (0577) 747277
Do geschl.

Der Küchenchef stammt ursprünglich aus Irland, ist aber Italiener aus Überzeugung und verwöhnt Sie mit exquisiten Köstlichkeiten der Region. Anschließend können Sie die Burg besichtigen, um die sich viele Legenden ranken. Einst galt sie als strategischer und quasi uneinnehmbarer Stützpunkt, denn sie lag inmitten undurchdringlicher Wälder. Heute färben Sonnenstrahlen die Ziegelsteinmauern der Burg golden, die malerisch zwischen den herbstlichen Weinbergen liegt. Seit fast tausend Jahren gehört sie den Ricasoli-Firidolfi, deren Erben sie heute noch bewohnen. Es sind die Nachkommen von Baron Bettino, jenem »Eisernen Baron«, der 1860 nach jahrelangen Studien und Experimenten in einem der Säle der Villa, die er sich innerhalb der Mauern hatte errichten lassen, den Mischsatz des berühmten Chianti Classico niederschrieb.

Castello di Brolio
Gaiole in Chianti
Tel. (0577) 747188
Weinkeller nach
Voranmeldung
Sommer: 9–12 und 15–18 Uhr (Wochenende und Feiertage 15–19 Uhr)
Winter: 9–12 und 14.30–17 Uhr

Spazieren Sie auch durch den italienischen Garten und genießen Sie den Blick auf Weinberge, Zypressenreihen und die Jakobskapelle, in der Bettino und andere Mitglieder der Familie Ricasoli begraben sind. Die Krypta und die beiden Tafelbilder aus dem 14. Jahrhundert lohnen den Besuch, danach können Sie vom Wehrgang und den Türmen aus abermals die wunderschöne Hügellandschaft mit Häuschen, kleinen Dörfern, Feldern und Gärten, Olivenhainen und Weinbergen bewundern.

Wenn Sie sich rechtzeitig angemeldet haben, zeigen Barbara und Riccardo Ihnen den Weinkeller und die Räume, in denen der Vinsanto und die alten Jahrgangsweine gelagert werden. Sie bergen unter anderem eine Flasche aus dem Jahre 1841. Sie gehörte zu jenen, die Bettino 1847 zu einem Winzerkongress nach Florenz schickte, um das erfolgreiche Ende seiner jahrelangen Forschungen zu dokumentieren. Heute, nach 120 Jahren, gehört der Mischsatz, mit dem er damals den Wein herstellte, zu den verbindlichen Auflagen, denen jede aus kontrolliertem Anbau stammende Flasche genügen muss.
In der Enoteca am Eingang können Sie Wein probieren und verschiedene Sorten erwerben. Auch landwirtschaftliche Erzeugnisse aus eigenem Anbau, Vinsanto und ausgezeichnetes, von Hand in der Steinmühle gepresstes Olivenöl locken zum Kauf.
Kehren Sie zurück auf die Staatsstraße Nr. 484. Bei Kilometer 34 zweigt eine Straße zum **Castello di Cacchiano** ab. Die ehemalige Festung, die ab dem 13. Jahrhundert zu Florenz gehörte, liegt auf dem Gebiet der Ricasoli-Firidolfi. Ähnlich wie die Burg von Brolio wurde sie heftig umkämpft und schließlich von den Sienesern zerstört. In der Spätrenaissance baute man einen teilweise erhaltenen Flügel zu einer Villa um; an die mittelalterliche Konstruktion erinnert heute nur noch wenig.

Castello di Cacchiano
Gaiole in Chianti
Tel. (0577) 747018
nach Voranmeldung

Zusammen mit seiner Mutter kümmert sich heute Giovanni Ricasoli-Firidolfi, ein Nachkomme von Bettino Ricasoli, um den Besitz. Er ist ein begeisterter Winzer und hält die über tausendjährige Tradition aufrecht, nutzt aber durchaus neue Technologien, um die Qualität seines Weines weiter zu verbessern. Er ist heute Vorsitzender der Chianti-Liga.
Die Lega del Chianti wurde vor über sieben Jahrhunderten auf Initiative der Republik Florenz gegründet. Es handelte sich ursprünglich um einen Militärbund, der die südliche Grenze der Provinz vor feindlichen Angriffen schützen sollte. Nachdem die Streitigkeiten beigelegt waren und man die Ländereien unter dem gemeinsamen Emblem des schwarzen Hahns (Gallo nero) zwischen Gaiole, Radda und Castellina aufgeteilt hatte, machte man Radda zum Standort des Hauptquartiers der Liga. Fortan widmete sich die Liga zivilen Aufgaben: Sie kümmerte sich um die Verwaltung der Ländereien und Weinbaugebiete.
Ende des 18. Jahrhunderts löste Großherzog Leopold die Liga auf, doch 1970, nach fast zwei Jahrhunderten, erweckte man sie zu neuem Leben. Natürlich verfolgen die Mitglieder heute keine militärischen Ziele mehr. Vielmehr wollen sie die Kultur und Gastronomie der Region fördern, bäuerliche Traditionen neu beleben und das Gebiet weiter für den Tourismus erschließen, ohne die Natur zu gefährden.
Kehren Sie über Gaiole und Radda zurück ins Hotel, ruhen Sie sich aus und verarbeiten Sie die vielfältigen Eindrücke, die Sie heute gesammelt haben.

3. Tag – Montag
Radda – Badia a Coltibuono – Volpaia – Radda

Fahren Sie morgens nach Radda und bummeln Sie durch das kleine historische Zentrum. Trinken Sie einen Cappuccino und setzen Sie Ihren Weg anschließend auf der Straße in Richtung Montevarchi bis nach Badia a Coltibuono fort.
Der eindrucksvolle Gebäudekomplex liegt am Fuß eines bewaldeten Hügels. Vom 11. bis zum frühen 19. Jahrhundert lebten hier Benediktinermönche aus Vallombrosa. Von der einst mächtigen Abtei blieben ein massiver Glockenturm und die Kirche San Lorenzo a Coltibuono erhalten, die zu den schönsten romanischen Bauwerken im Chianti gehört. Das danebenliegende Kloster wurde in eine reizvolle Ferienanlage umgewandelt. Die **Tenuta di Coltibuono** organisiert bei Voranmeldung Weinproben und Führungen durch

Tenuta di Coltibuono e Osteria
Gaiole in Chianti
Tel. (0577) 749498
nach Voranmeldung

Garten und Weinkeller. In der Osteria stehen Produkte aus eigenem Anbau zum Verkauf. Fahren Sie von Badia a Coltibuono zurück nach Radda und kehren Sie im Örtchen Villa in der **Trattoria Le Vigne** ein, um einen Imbiss zu sich zu nehmen.

Trattoria Le Vigne
La Villa
Radda in Chianti
Tel. (0577) 738640
Di geschl.

Nach dem Essen und einer kurzen Erholungspause im Hotel sollten Sie sich auf den Weg nach Volpaia machen. Auch dieses Anwesen diente einst als Verteidigungsbollwerk. Große Teile der Mauern sind zerstört, doch die Burg, ein kleiner Platz, einige mittelalterliche Häuser und ein Sakralbau aus dem 15. Jahrhundert, die Commenda di Sant'Eufrosino, blieben erhalten oder wurden wieder aufgebaut. Der gesamte Komplex gehört heute Giovannella Stianti und wird von ihrem Ehemann Carlo Mascheroni verwaltet.

Im Sommer finden hier Ausstellungen und Messen statt, auf dem Platz veranstaltet man Tanzfeste und Feuerwerke. An diesem Wochenende wird gemeinsam gekocht, zwischendurch können Sie die Weinkeller der **Fattoria di Volpaia** besichtigen, dort den von Giovannella Stianti angebotenen Kaffee trinken und die Karte fürs Abendessen studieren. Nun geht es ans gemeinsame Vorbereiten der Speisen für das Menü. Sobald das Essen auf dem Herd steht, nimmt sich Giovannella Zeit, um mit Ihnen die Ölmühle zu besichtigen. Sie können zusehen, wie die Oliven gewaschen, zermahlen und schließlich zu dunklem, klarem Öl verarbeitet werden, ein überaus interessanter Vorgang, der Sie mit Sicherheit faszinieren wird.

Fattoria di Volpaia
Volpaia
Radda in Chianti
Tel. (0577) 738066
Kochschule und Besichtigung nach Voranmeldung

Nächste Etappe ist der Weinkeller, in dem Sie unter anderem eine Flasche für das Abendessen wählen können. Dieses beginnt mit einer Fettunta (geröstetes Bauernbrot mit Knoblauch und frisch gepresstem Öl), einer für die Jahreszeit typischen Spezialität, dann folgen die zuvor zubereiteten Gerichte, begleitet von Erklärungen zu den Rezepten.

Nehmen Sie nach dem Abendessen Abschied von Giovannella und kehren Sie ins Hotel zurück.

4. Tag – Dienstag
Radda – Montalcino – Radda

Verlassen Sie den Chianti für einen Tag und widmen Sie sich heute dem Brunello di Montalcino, einem anderen hervorragenden toskanischen Wein.

Fahren Sie auf der alten Via Cassia in Richtung Castellina. Die Straße durchquert den lieblichsten Teil des Chianti und eröffnet schöne weite Ausblicke, bis sie nördlich von Siena auf die Umgehungsstraße stößt. Folgen Sie den Wegweisern in Richtung Rom, vorbei an Buonconvento bis zur Ausfahrt Montalcino.

Die Stadt thront auf einem Hügel, von mächtigen Mauern umgeben. 1555 flohen die Einwohner von Siena hierher vor den Truppen der kaisertreuen Medici aus Florenz, denen sie sich nicht beugen wollten. Vier Jahre lang verschanzten sie sich in der Stadt und gaben sich der Illusion hin, nach wie vor unabhängig zu sein.

Heute ist Montalcino vor allem Standort einer berühmten Kellerei, in der man das bekannteste Produkt der Stadt, den Brunello, verkosten kann.

Genau wie der Chianti wurde auch der Brunello von einem Adligen aus der Region entwickelt: Clemente Santi legte den Mischsatz für den allseits beliebten Wein fest.

Die alte Adelsfamilie Santi besitzt heute drei Weingüter. Die erste Begegnung mit dem köstlichen Brunello führt zur historischen **Villa Greppo** und hinab in ihre kühlen Keller.

Tenuta del Greppo
Montalcino
Siena
Tel. (0577) 848087
Fax (0577) 847121
Besichtigung nach Voranmeldung

Danach geht es weiter zu einer Kellerei neueren Datums, der **Fattoria del Casato**, die ausschließlich von Frauen geführt wird. Hier bekommen Sie exzellente Jahrgangsweine und einen kürzlich kreierten Hauswein mit dem Etikett »Prime Donne« (Frauen erster Klasse).

Fattoria del Casato
Podernovi
Montalcino
Tel. (0577) 849421
Besichtigung nach Voranmeldung

Inzwischen dürfte es Mittag geworden sein. Es lohnt sich, auf den Colle di Lecci zu fahren, wo das Restaurant **Poggio Antico** neben erstklassiger Regionalküche auch einen wunderschönen Blick auf die Landschaft südlich von Montalcino bietet.

Ristorante Poggio Antico
I Poggi
Montalcino
Tel. (0577) 849200
Mo geschl.

Am frühen Nachmittag können Sie **Altesino** – ein weiteres Weingut mit schönem Keller – besichtigen.

Fattoria Altesino
Altesino
Montalcino
Tel. (0577) 806208
Besichtigung nach Voranmeldung

Es wäre schade, Montalcino zu verlassen, ohne die romanische **Abtei Sant'Antimo** besichtigt zu haben, die sich zehn Kilometer südlich der Stadt erhebt.

Abbazia di Sant'Antimo
Castelnuovo dell'Abate
Montalcino
Tel. (0577) 835659
Werktage 10.30–12.30 und 15–18.30 Uhr;
Wochenende u. Feiertage 9–10.30 und 15–18 Uhr

Fahren Sie anschließend bis nach Siena zurück und dann über die Umgehungsstraße und die Regionalstraße 222 bis nach Castellina in Chianti.
Martina und Guido erwarten Sie bereits mit dem Aperitif vor dem Kaminfeuer.

5. Tag – Mittwoch
Radda – Monte San Michele – Volpaia – Radda

Am Hotel beginnen mehrere gut ausgeschilderte und leicht zu bewältigende Wanderwege. Nutzen Sie den heutigen Tag, um die Region und ihre wunderschöne Landschaft einmal auf Schusters Rappen zu erkunden. Sie lernen den Chianti auf diese Weise von einer ganz anderen Seite kennen, können die Stille, die Farben und die Gerüche der Natur wahrnehmen und jederzeit innehalten, um das Bild zu genießen, das sich Ihnen darbietet. Laufen Sie bis zum Monte San Michele und legen Sie auf dem Rückweg eine Pause in Volpaia ein, wo Sie auf dem hübschen Dorfplatz in der **Bottega di Volpaia** sehr gut essen können. Dann geht es zurück zum Hotel, wo Sie das Kaminfeuer, die bequemen Sessel und das abend-liche Mahl besonders genießen werden.

La Bottega di Volpaia
loc. Volpaia
Radda in Chianti (SI)
Tel. (0577) 738001

6. Tag Donnerstag
Radda – Panzano – Greve – Passignano – Florenz – Radda

Brechen Sie frühzeitig auf, denn die Tour des heutigen Tages ist relativ lang. Fahren Sie bei Castellina auf die Via Cassia, diesmal in Richtung Florenz.
Der Weg führt zunächst nach Panzano, wo Sie die romanische Pieve di San Leolino mit einem schönen Triptychon besichtigen können.
Über eine schmale, nicht sehr gute, dafür jedoch umso reizvollere Straße gelangen Sie direkt zur **Badia di Passignano**, einer Klosteranlage, die sich am Ende des Weges in ihrer ganzen Schönheit zeigt. Sie liegt auf einem kleinen Hügel inmitten der typischen Landschaft des Chianti, umschlossen von einem Hain dunkler Zypressen. Von weitem wirkt sie wie eine uneinnehmbare mittelalterliche Festung.

Badia di Passignano
Passignano
Tavarnelle Val di Pesa
Tel. (055) 8061722
nur mit Führung
wg. Restaurierung zzt. geschl.

Auch wenn man den kleinen Platz betreten will, an dem Kirche und Kloster einander gegenüberstehen, hat man das Gefühl, vor einer Burganlage zu stehen. Das große Portal ist in der Regel geschlossen; es wird nur nach telefonischer Voranmeldung für Besucher geöffnet.
Hat man die Schwelle aber erst einmal passiert, schwindet der düstere Eindruck angesichts des schönen Gartens und der harmonisch aufeinander abgestimmten Gebäude. Der Turm wirkt wie ein Glockenturm, der Gemüsegarten wie ein Park und der Kreuzgang lädt zum Verweilen und zur inneren Einkehr ein.
Ein Blick in die Geschichte klärt viele Fragen: Im 11. Jahrhundert gründeten die Benediktiner aus Vallombrosa die Abtei, in der später ein Heiliger starb. Im Mittelalter waren die Geschicke des Klosters eng mit jenen der Stadt Florenz verknüpft. Napoleon ließ es später säkularisieren, anschließend ging es in Privatbesitz über. Ein Jahrhundert später erwarb

die Familie Antinori die Gebäude und die umliegenden Ländereien, dann fiel der Komplex wieder an die Benediktiner zurück. Die Familie behielt jedoch die Felder in der Umgebung, auf denen mittlerweile Wein angebaut wurde, und die eindrucksvollen Keller der Abtei, in denen heute besonders wertvolle Tropfen lagern.

Sie können das alte Refektorium besichtigen und an der Wand ein berühmtes Abendmahlsfresko von Ghirlandaio bewundern. Auch die Küche mit dem großen Kamin steht Besuchern offen. Vom Kreuzgang aus kann man im ersten Stock mit farbigen Fresken geschmückte Decken erkennen. Der Rundgang dauert nicht lange, ist aber ein außergewöhnliches Erlebnis, das Sie keinesfalls versäumen sollten.

Es folgt noch ein kurzer Abschnitt einer Schotterstraße, die mitten durch golden leuchtende Weinberge auf den Bergkamm hinauf und weiter nach Montefiridolfi führt. Kurz bevor Sie das Dorf erreichen, zweigt ein Weg nach Il Ferrone ab, der weiter durch die Ländereien und Weinberge der Antinori führt.

Fahren Sie jetzt in Richtung Greve und folgen Sie in Greti den Schildern zum **Castello di Verrazzano**.

Castello di Verrazzano
Greve in Chianti
Tel. (055) 854243

In dieser Burg wurde 1485 Giovanni di Verrazzano geboren, der Seefahrer, der 1524 die Hudsonbai entdeckte. Heute ist das traumhafte Schloss in Privatbesitz. Ein wunderschöner Garten mit alten Gewächshäusern, einer Orangerie, Grünflächen, ein Park, in dem zahme Wildschweine leben, und eine große Terrasse mit herrlichem Blick auf das Umland laden zum Verweilen ein.

Sie können den Weinkeller und die Anlage für die Vinsanto-Produktion besichtigen, was um diese Jahreszeit besonders reizvoll ist. Die weißen Trauben für den Vinsanto lagern bis Weihnachten, ehe sie weiter verarbeitet werden. Sie hängen an langen Stangen von der Decke herunter und bilden ein regelrechtes Traubendach. Wenn die Zeit reif ist, werden sie gekeltert und anschließend in kleinen Holzfässern fünf Jahre gelagert.

Nach der Besichtigung steht eine Weinprobe auf dem Programm. Im großen Saal prasselt ein Feuer, darüber brutzeln köstliche Würstchen. Schon stehen große Platten mit Salami aus dem Fleisch der Schweine und Wildschweine bereit, die auf dem Gut aufgezogen werden. Die Wurst hängt neben den Ölkrügen im Halbdunkel der Keller. Wenig später werden die Gläser mit verschiedenen Weinsorten gefüllt, die Sie im Rahmen der Probe verkosten können.

Am Nachmittag geht es weiter auf der Chianti-Straße bis nach Florenz. Nutzen Sie die verbleibende Zeit, um durch Läden zu bummeln, das historische Zentrum zu erkunden oder um eines jener Museen zu besichtigen, die im Sommer stets überlaufen sind. An diesem Abend sollten Sie nicht im Hotel essen, sondern der bekannten **Trattoria Il Sostanza** einen Besuch abstatten. Hier werden seit ewigen Zeiten unvergängliche Klassiker der toskanischen Küche serviert.

Trattoria Il Sostanza
Via del Porcellana 25r
Florenz
Tel. (055) 212691
So geschl.

Spät kehren Sie an diesem letzten Abend nach Radda zurück. Das Feuer im Kamin ist schon erloschen und Ihr Aufenthalt neigt sich dem Ende zu.

7. Tag – Freitag

Am Morgen müssen Sie Abschied von Martina und Guido nehmen, deren Gastfreundschaft Sie eine volle Woche lang genießen durften. Bestimmt freuen Sie sich schon jetzt darauf, diese Ferien eines Tages wiederholen zu können.

Dezember *Weihnachtseinkäufe im winterlichen Florenz*

1. Tag – Donnerstag

Ankunft in Florenz und Einchecken im **Loggiato dei Serviti**, einem kleinen Hotel mit dem Charme eines stilvoll eingerichteten Hauses im historischen Zentrum. Abendessen im Restaurant **Il Cibreo**. Genießen Sie traditionelle, schlichte Gerichte, die Fabio weiterentwickelt hat und mit großer Raffinesse serviert. Im Caffè del Cibreo gleich gegenüber geht es lässiger zu, das Essen schmeckt aber nicht minder köstlich.

Hotel Il Loggiato dei Serviti
Piazza della Santissima Annunziata 3
Tel. (055) 289592
Fax (055) 289595
info@loggiatodeiserviti.it
www.loggiatodeiserviti.it

Il Cibreo
Via dei Macci 8
Tel. (055) 2341100
So und Mo geschl.

2. Tag – Freitag

Nach dem Frühstück sollten Sie zuallererst den nahe gelegenen **Opificio delle Pietre dure** aufsuchen und dort Meisterwerke aus Edelstein-Intarsien bewundern, jener Florentiner Mosaikkunst, die bereits seit dem 16. Jahrhundert Kompositionen in einzigartigen Farben und Formen hervorgebracht hat. Wenden Sie sich dann dem Zentrum zu und besichtigen Sie die Kapelle des **Palazzo Medici-Riccardi** mit dem eleganten Zug der Heiligen Drei Könige von Benozzo Gozzoli. Gleich hinter der nächsten Ecke befindet sich auf der anderen Seite der Piazza San Lorenzo der **Mercato Centrale**.

Das schöne Gebäude aus dem 19. Jahrhundert gilt noch heute als »Bauch von Florenz«, wo man nicht nur gartenfrisches Gemüse, Wurst und regionaltypische Produkte kaufen, sondern auch einige echte Florentiner Originale in Aktion erleben kann.

Hier eine scharfzüngige italienische Bemerkung, dort ein liebevoller Seitenhieb, auf den rasch die schlagfertige Antwort in reinem Florentiner Dialekt folgt … Im ersten Stock breiten sich an den Ständen ganze Gemüsegärten aus und hier stehen sogar auf Preisschildern witzige Sprüche.

Nehmen Sie einen Imbiss bei der **Hosteria Belledonne** ein, um noch etwas in der lebhaften Atmosphäre des Marktes zu verweilen. Obst und Gemüse schmücken die Theke, gelbe Papierdecken die groben Holztische, an denen man dicht gedrängt sitzt. Das lärmende Durcheinander und die Schiefertafel, auf der die Tagesgerichte mit Kreide angeschrieben werden, erwecken den Eindruck, man befände sich in einer Schenke, wie es sie vor langer Zeit einmal überall in Italien gab.

Den Nachmittag sollten Sie für einen Einkaufsbummel nutzen. Bei **Tessilarte** finden Sie handgeschneiderte Tisch- und Bettwäsche aus feinstem Leinen. Im **Antico Setificio Fiorentino** werden Seidenstoffe noch auf alten Webstühlen hergestellt. Auch wenn Sie nichts kaufen wollen, lohnt sich der Besuch.

Gleich daneben befindet sich der Laden **Brandimarte**, wo die Schüler des genialen und faszinierenden Künstlers nach wie vor handziselierte Silberwaren fertigen. Etwas versteckt liegt die **Moleria Locchi**, der Sie jedoch unbedingt einen Besuch abstatten sollten. Paola repariert jeden nur erdenklichen Gegenstand aus Glas und Kristall.

Für Silberschmuck können Sie sich vertrauensvoll an **Paolo Pagliai** wenden. Sein wunderschönes Geschäft unter mittelalterlichen Gewölben birgt hochwertigen antiken Schmuck. Sie können hier aber auch die einzigartige Gelegenheit nutzen und ein verlorenes oder kaputtes Stück Ihres Familiensilbers nachfertigen lassen.

Für den Abend empfiehlt sich die **Cantinetta Antinori** im Palazzo der gleichnamigen Familie. Bei traditionellen Gerichten und einer Flasche Wein aus dem reich bestückten Hauskeller können Sie Ihre müden Füße ausruhen.

Opificio delle Pietre dure
Via degli Alfani 78
Tel. (055) 265111
Mo–Sa 8.15–14 Uhr

Palazzo Medici-Riccardi – Cappella dei Magi
Via Cavour 1
Tel. (055) 2760340
Tägl. 9–19 Uhr, Mi geschl.

Mercato Centrale
Via dell'Ariento
Mo–Sa 7–14 Uhr

Hosteria Belledonne
Via delle Belledonne 6r
Tel. (055) 2382609
Sa u. So geschl.

Tessilarte
Via Toselli 100
Tel. (055) 364097

Antico Setificio Fiorentino
Via Bartolini 4
Tel. (055) 213861

Brandimarte
Via Bartolini 18r
Tel. (055) 239381

Moleria Locchi
Via Burchiello 10
Tel. (055) 2298371

Paolo Pagliai
Borgo San Iacopo 41r
Tel. (055) 282840

Cantinetta Antinori, Piazza Antinori 3
Tel. (055) 292234
Sa und So geschl.

3. Tag – Samstag

Unmöglich können Sie Florenz verlassen, ohne die **Farmacia di Santa Maria Novella** mit ihrem typischen Duft nach Potpourris und Essenzen aufgesucht zu haben. Im Innern kann man einen Blick auf einen der alten, für die Öffentlichkeit geschlossenen Kreuzgänge werfen und dann die beiden anderen **Kreuzgänge von Santa Maria Novella** besichtigen, die zu den eindrucksvollsten Sehenswürdigkeiten der Stadt gehören.

Von hier aus sind es nur wenige Schritte bis zu den schicken Läden der Via Tornabuoni. **Loretta Caponi** verzaubert uns mit ihrer in der ganzen Welt bekannten Bettwäsche. **Procacci** ist mit seinen köstlichen Brötchen die Verführung selbst. Ganz in der Nähe des Doms und des Baptisteriums bietet **Marcella** wie eh und je die neueste Mode an.

Es lohnt sich durchaus, das Zentrum etwas hinter sich zu lassen, um bei **Dolci e Dolcezze** eine köstliche Torte oder bei **Piansa** röstfrischen Kaffee zu erstehen. Von hier aus ist es nicht mehr weit zu **Convivium**, wo Sie hervorragende Küchenutensilien erwerben können. Beschließen Sie den Morgen mit einem Imbiss in der angeschlossenen Bar. Auf der gegenüberliegenden Straßenseite können Sie bei **Bianco Bianchi** Florentiner Kunsthandwerk der feinsten Sorte erstehen. Der Meister und seine Söhne fertigen Skulpturen und Objekte aus Alabastergips nach uralten Techniken. Falls Sie Italienisch sprechen, sollten Sie sich von dem alten Herrn etwas über das Handwerk und seine Ursprünge erzählen lassen. Hat er Sie erst einmal ins Herz geschlossen, zeigt er Ihnen vielleicht sogar persönlich seine Sammlung ausgefallener alter Stücke im Obergeschoss. Kehren Sie nun ins Zentrum zurück und bummeln Sie auf dem Weg über den kleinen Flohmarkt auf der Piazza dei Ciompi. Wenn Sie etwas ganz Ausgefallenes suchen, werden Sie vielleicht in dem kleinen Laden **Antichità** auf einer Seite des Platzes bei Nuccia Colzi fündig.

Besichtigen Sie anschließend die **Basilica di Santa Croce** und die Buden der Lederwarenverkäufer hinter der Sakristei, ehe Sie die **Cappella dei Pazzi**, ein Meisterwerk von Brunelleschi, bestaunen. Gehen Sie weiter über die Piazza Signoria bis zum Ponte Vecchio.

Am Lungarno gilt der Laden von **Roberto Raddi** als beste Anlaufadresse für all jene, die Kunsthandwerk von Meisterhand lieben. Bei den **Fratelli Piccini** muss man schon eintreten, um die wundervolle Türglocke zu hören. In den Gassen rund um die Piazza Pitti gibt es eine Vielzahl weiterer Läden, darunter die Antiquitätengeschäfte an der Via Maggio.

Die Chiesa Santo Spirito beeindruckt mit ihrer ungewöhnlichen Fassade, die auf dem wunderschönen Platz ganz besonders hervorsticht. Sie befinden sich mitten im Viertel San Frediano, in dem seit alters die Florentiner Kunsthandwerksläden ihren Sitz hatten. Der Stadtbummel endet auf der Piazza del Carmine, wo herrliche Fresken von Masaccio und Masolino in der **Cappella Brancacci** zum Verweilen einladen.

Gönnen Sie sich am Abend ein gutes Essen in der **Taverna del Bronzino**. Für das leibliche Wohl sorgt ein außergewöhnliches Dreigespann: Massimiliano bereitet traditionelle, exquisit verfeinerte Gerichte zu, Piero und Umberto bedienen mit der ihnen eigenen Professionalität, die so recht zu dem erlesenen Ort passt, an dem im 16. Jahrhundert der Namenspatron des Lokals lebte.

Farmacia di Santa Maria Novella
Via della Scala 16r
Di–Sa 9.30–19.30 Uhr, Mo 15.30–19.30 Uhr

Chiesa di Santa Maria Novella
Piazza Santa Maria Novella
Kirche: Mo–Sa 7–11.30 und 15.30–18 Uhr, Feiertage 15.30–18 Uhr
Kreuzgänge und Museum: Mo–Sa 9–14, So 8–13 Uhr; Fr geschl.

Loretta Caponi
Piazza Antinori 4r

Procacci
Via Tornabuoni 64r

Marcella
Via de' Pecori 6/8r

Dolci e Dolcezze
Piazza Beccaria 8r

Piansa Caffetteria e Drogheria
Viale Europa 126/128

Convivium
Viale Europa 4/6
So geschl.

Bianchi Bianco & Figli
Viale Europa 127

Antichità Colzi Anna Maria
Piazza dei Ciompi 3

Basilica di Santa Croce
Piazza Santa Croce
Basilika: Mo–Sa 8–12.30 und 15–18.30 Uhr
Cappella dei Pazzi und Kreuzgang: 10–12.30 und 14.30–18.30 Uhr; Mi geschl.

Roberto Raddi
Lungarno alle Grazie 18

Fratelli Piccini
Ponte Vecchio 21/23r

Cappella Brancacci
Piazza del Carmine
Mi–Sa 10–16.30 Uhr, So 13–16.30 Uhr

Taverna del Bronzino
Via delle Ruote 25/27r
So geschl.

4. Tag – Sonntag

Bevor Sie am Morgen die Stadt verlassen, sollten Sie frühzeitig zum Piazzale Michelangelo gehen, ehe es dort zu voll wird. Werfen Sie unbedingt einen Blick in die nahe gelegene Kirche **San Miniato al Monte**. Die Fassade ist sehenswert und das Innere wirkt geradezu magisch auf den Betrachter. Genießen Sie die phantastische Aussicht, wenn Sie die Kirche verlassen: Ganz Florenz liegt Ihnen aus diesem Blickwinkel zu Füßen.

Abbazia di San Miniato al Monte
Via del Monte alle Croci
8–12 und 14–19 Uhr

Januar *Ungewöhnliches Neujahrsfest im alten Kloster*

1. Tag – 31. Dezember
Florenz – Cetona

Fahren Sie auf der Autobahn Florenz–Rom bis zur Ausfahrt Chiusi und weiter in Richtung Cetona. Gleich hinter dem Ortsausgang steht auf der linken Seite ein Wegweiser zum »Mondo X«, der von Pater Eligio betreuten Gemeinschaft. Nur noch einige wenige Kurven, dann taucht das Kloster **San Francesco** auf. An der Pforte steht immer einer der Jugendlichen der Gemeinschaft zum Empfang der Gäste bereit und geleitet Sie durch Kreuzgänge und Korridore bis zu den in komfortable Gästezimmer umgewandelten Klosterzellen. Während des gesamten Aufenthaltes bleibt er, einem Schutzengel gleich, für »seine« Gäste zuständig. Vom ersten Augenblick an spürt man den Frieden, den dieser außergewöhnliche Ort ausstrahlt. Ruhe und Harmonie erfüllen die Räume. Die gedämpfte Atmosphäre im Speisesaal und der diskrete, stille Service bereiten auf das köstliche Abendessen vor, das Walter mit Liebe und Geschick zu einem unvergesslichen Erlebnis werden lässt.

Frateria di Padre Eligio –
Kloster San Francesco
Cetona (Chiusi)
Tel. (0578) 238015

2. Tag – 1. Januar
Cetona – Pienza – Montepulciano – Sinalunga

Mit einem köstlichen Frühstück aus klostereigenen Produkten, darunter Marmelade, Honig, Joghurt und Kuchen, beginnt nicht nur ein neuer Tag, sondern in diesem Fall sogar ein neues Jahr. Danach sollte man sich von dem betreuenden Jugendlichen durchs Kloster führen lassen, was durchaus ein bis zwei Stunden in Anspruch nehmen kann. Anschließend empfiehlt sich eine kurze Wanderung auf das Hochplateau, von dem aus sich ein herrlicher Blick über Täler und Hügel bietet. Mitten im Wald liegt die reizvolle Einsiedelei **Belverde**, zu der man sich ebenfalls von einem der jungen Mitglieder der Gemeinschaft führen lassen kann. Auch hier wurden einige kleine Zellen in Gästezimmer umgewandelt. In der Eremitage wird das ausgezeichnete Öl des Klosters hergestellt. Sehenswert sind auch die beiden alten Kapellen mit Fresken aus der Giotto-Schule. Gönnen Sie sich anschließend einen Aperitif auf der Piazza von Cetona und kehren Sie zum Mittagessen ins Kloster zurück.

Fahren Sie am Nachmittag in Richtung Pienza. Die Landschaft ringsumher verändert sich deutlich, je mehr Sie sich den Crete Senesi nähern. Über kurvenreiche, von Zypressen gesäumte Straßen erreichen Sie schließlich die kleine Stadt von Papst Piccolomini. Das Panorama, die Gässchen, die Piazza und der Palast sind eine wahre Augenweide, aber auch der Gaumen kommt hier auf seine Kosten. Obgleich eigentlich Feiertag ist, wetteifern die typischen Produkte der Region in den Schaufenstern an der Hauptstraße um die Gunst der Kunden. In der **Bottega del Naturista** können Sie die köstlichen Erzeugnisse des Klosters – Öl, Wein, Käse und natürlich die wohlriechenden Kräuter des Val d'Orcia – erwerben.

La Bottega del Naturista
Via del Rossellino, Pienza

Fahren Sie nun weiter nach Montepulciano, wo Sie die Kirche San Biagio, ein Meisterwerk von Antonio da Sangallo d. Ä., mit ihrer golden leuchtenden Kuppel begrüßt. Dahinter liegt, dicht an den Berg gedrängt, das reizvolle Städtchen über dem Valdichiana und dem Val d'Orcia. Wie aus einer anderen Welt wirkt der Ort, wenn man ihn einmal ohne Touristenscharen erlebt. Über steile Straßen, vorbei an eindrucksvollen Gebäuden, alten

Läden und Schenken, erreicht man das historische Zentrum. Ganz oben auf dem Berg öffnet sich unvermittelt die malerische Piazza Grande. In einer so kleinen Stadt erwartet man kaum einen architektonisch so schön und harmonisch angelegten Platz mit Rathaus, Dom und weiteren interessanten Häusern. Das älteste Lokal befindet sich im **Palazzo Contucci**, der nach der dort lebenden Familie benannt ist. Adamo, selbst ein hervorragender Weinkenner und Kellermeister, führt gern durch die alten Räumlichkeiten und lädt anschließend zu einer Probe des berühmten Nobile di Montepulciano ein.

Cantina Contucci
Palazzo Contucci
Piazza Grande,
Montepulciano

Fahren Sie weiter in Richtung Sinalunga bis zum mittelalterlichen Gut **Amorosa**, wo Sie zu Abend essen und übernachten können. Carlo Citterio hat das Anwesen in jahrelanger Arbeit liebevoll restauriert. Für die Gerichte werden Produkte aus eigenem Anbau verwendet, dazu gesellt sich ein köstlicher Tropfen von einem der zahlreichen Hügel der Region. Das Restaurant ist weithin berühmt für seine unverfälschte toskanische Esskultur und im angeschlossenen Hotel ist die Gastfreundlichkeit in jedem Zimmer zu spüren. Die gemütliche Atmosphäre des traditionsbewussten und zugleich lebendigen Hauses sollten Sie sich keinesfalls entgehen lassen.

Locanda dell'Amorosa
Località l'Amorosa
Sinalunga
Tel. (0577) 679497

3. Tag – 2. Januar
Sinalunga – Arezzo – Siena – Colle Val d'Elsa

Fahren Sie nach dem Frühstück Richtung Florenz und biegen Sie nach etwa 40 Kilometern nach Arezzo ab. Die Stadt bietet eine Menge Überraschungen und zahlreiche Kunstschätze. Darüber hinaus findet an jedem ersten Wochenende im Monat ein Antiquitätenmarkt statt. Beginnen Sie Ihren Rundgang bei den herrlichen Fresken von Piero della Francesca in der Kirche **San Francesco**. Stöbern Sie anschließend im Geschäft **Belle Epoque**, wo die Besitzerin Wanda antike Spitze und wunderschöne Weißwäsche verkauft. Nur wenige Schritte sind es von hier bis zur **Nuova Chimera** mit einer Vielzahl sorgfältig ausgewählter Antiquitäten. Am Corso Italia sollten Sie unbedingt eine Pause in der **Pasticceria Carraturo** einlegen und einen Kaffee trinken oder ein Stück Kuchen essen. Die schön restaurierten Räumlichkeiten wirken noch genauso wie zu jener Zeit, als hier eine schweizerische Drogerie ihren Sitz hatte. Auch bei **Busatti** sollten Sie hineinschauen: Seit über einem Jahrhundert werden hier Stoffe für den Hausgebrauch auf alten Webstühlen hergestellt.

Chiesa di San Francesco
Piazza San Francesco
Arezzo
Besichtigung der Fresken nach Voranmeldung
Tel. (0575) 900404
Mo–Fr 9–17.30 Uhr, Sa 9–17 Uhr, So 13–17 Uhr

Belle Epoque
Piazza San Francesco 18
Arezzo

La Nuova Chimera
Via San Francesco 15
Arezzo

Carraturo
Corso Italia 61
Arezzo

Busatti
Corso Italia 48
Arezzo

Neben der wunderschönen romanischen Kirche Santa Maria della Pieve mit der auffälligen viergeschossigen Fassade erhebt sich der Glockenturm mit den doppelten Zwillingsfensterreihen, die dem Campanile den Spitznamen »delle cento buche« (mit den hundert Löchern) einbrachten. Auch die asymmetrisch gestaltete Piazza mit den von Vasari entworfenen Loggien hat ihren Reiz. Die übrigen Gebäude am Platz spiegeln die verschiedenen Epochen der italienischen Architekturgeschichte wider. Besuchen Sie anschließend den Dom und das **Geburtshaus von Vasari**, der genau wie Petrarca in Arezzo geboren wurde. Beenden Sie Ihren Rundgang mit einem leckeren Mittagessen in der **Osteria dell'Agania**.

Casa del Vasari
Via XX Settembre 55
Arezzo
Tel. (0575) 300301
8.30–19.30 Uhr,
So 8.30–13 Uhr,
Di geschl.

Osteria dell'Agania
Via Mazzini 10
Arezzo, Tel. (0575) 25381
Mo geschl.

Fahren Sie am Nachmittag weiter nach Siena. Die von hohen Mauern umgebene Stadt wirkt noch genau wie im Mittelalter und lohnt ohne jeden Zweifel den Besuch. Stellen Sie Ihren Wagen im Parkhaus am Campo ab. Der alte Platz sollte Ihr erstes Anlaufziel sein, denn von hier aus können Sie Ihren Rundgang am besten beginnen. Bei den Sienesern heißt er schlicht »il Campo« und wenn Sie in ihn seiner Schönheit erst einmal auf sich wirken lassen wollen, sollten Sie zunächst in einer der Bars Platz nehmen. Der muschelförmige Campo mit dem rötlich-braunen Ziegelsteinpflaster gehört zu den malerischsten und am meisten fotografierten Orten der Welt. Unwillkürlich schweift der Blick über den nach unten abfallenden Platz, bleibt am Palazzo Pubblico, dem alten Rathaus, hängen und steigt dann an der eindrucksvollen Torre del Mangia empor, ehe er sich den übrigen eleganten Häusern zuwendet, die den Platz säumen.

Von der Schnellstraße Siena–Florenz zweigt eine Abfahrt nach Colle Val d'Elsa ab. Von hier aus sind es nur noch wenige Minuten bis zur **Villa Belvedere**. Das Gebäude wurde Ende des 18. Jahrhunderts als Adelssitz erbaut und birgt heute ein gemütliches Hotel. Giovanni Iannoni und seine Schwester Silvia empfangen die Gäste, Giovannis Frau Daniela und Schwager Daniele sorgen für das leibliche Wohl.

Villa Belvedere
Via Senese
Località Belvedere
Colle Val d'Elsa
Tel. (0577) 920966

4. Tag – 3. Januar
Colle Val d'Elsa – Monteriggioni – San Gimignano – Certaldo – Vinci – Artimino

Monteriggioni ist nur wenige Kilometer von der Villa Belvedere entfernt und ebenfalls von einer mächtigen Stadtmauer mit 14 Türmen umschlossen, die allein schon einen Besuch wert ist. Der Ort wurde zu Beginn des 13. Jahrhunderts von den Sienesern als Bastion gegen die Florentiner errichtet und blieb bis heute gut erhalten.

Nach **San Gimignano** gelangt man über Colle Val d'Elsa. Schon lange bevor man die Stadt erreicht, tauchen die Silhouetten der berühmten Geschlechtertürme hinter jeder Kurve auf, um hinter der nächsten kurzzeitig wieder zu verschwinden. Diese Zeit des Jahres gehört zu den wenigen, in denen man in San Gimignano nicht allenthalben über Touristen stolpert. Der Anblick der Stadt, die man durch die Porta San Giovanni betritt, ist und bleibt einzigartig. Die Häuser stehen so dicht gedrängt, dass man fast den Eindruck hat, es handele sich um ein einziges großes Gebäude. Auch die mit Waren aller Art voll gestopften Läden erinnern eher an Zimmer, die auf einen Korridor hinausgehen, als an Geschäfte, die eine Straße säumen. Besichtigen Sie den Dom und den **Palazzo del Popolo** und fahren Sie anschließend weiter nach **Certaldo**, in die Geburtsstadt Boccaccios.

Museo Civico – Palazzo del Popolo
Piazza del Duomo
San Gimignano
Infos zu Öffnungszeiten: (0577) 940008

Casa del Boccaccio
Via Boccaccio
Certaldo Alto
Tel. (0571) 664208
9–12 und 15–18 Uhr; Mo geschl.

In diesem typischen alten Ort, einem der vielen, die in der Toskana erhalten blieben, wurde der Autor des *Decamerone*, der zu den bedeutendsten Schriftstellern Italiens gehört, geboren und begraben. Sein **Geburtshaus** steht Besuchern offen. Spazieren Sie weiter zum **Palazzo Pretorio** und legen Sie eine Pause in der **Osteria del Vicario** ein, um authentische toskanische Küche in alten Gemäuern aus dem 13. Jahrhundert zu genießen.

Palazzo Pretorio
Piazzetta del Vicariato
Certaldo Alto
Tel. (0571) 661219
9–12 und 15–18 Uhr; Mo geschl.

Osteria del Vicario
Via Rivellino 3
Certaldo Alto
Tel. (0575) 668228
Mi geschl.

Lassen Sie sich den schönen Eindruck beim Verlassen des Ortes nicht von den atmosphärelosen Bauten von Certaldo Basso verderben, sondern erfreuen Sie sich an der malerischen Hügellandschaft, die zu dieser Jahreszeit einen ganz besonderen Charme ausstrahlt. Folgen Sie der Straße nach Empoli und fahren Sie nach Vinci, wo der geniale Künstler und Erfinder Leonardo da Vinci zur Welt kam. In den alten Mauern der Burg der Grafen von Guidi präsentiert der **Museo Leonardiano** Zeichnungen und Skizzen zu den Konstruktionen des Künstlers, den viele seiner Zeitgenossen für verrückt hielten. Leonardo besaß ganz offensichtlich nicht nur eine außergewöhnliche Begabung, sondern auch magische Kräfte, die ihn in die Zukunft blicken ließen. Wie sonst ist es möglich, dass unter seinen Entwürfen auch solche von fliegenden und schwimmenden Maschinen sind, die erst Jahrhunderte später erfolgreich zum Einsatz kamen?

Museo Leonardiano
Via della Torre
Vinci
Tel. (0571) 56055
Mo–So 9.30–18 Uhr

Die Reise durch Hügel und Felder ist an dieser Stelle noch nicht zu Ende. Fahren Sie Richtung Empoli zurück, folgen Sie den Wegweisern nach Montelupo und nehmen Sie auf der Straße nach Florenz die kleine Abzweigung zum **Gut Artimino**. Das Hotel, in dem Sie die Nacht verbringen, liegt auf einem grünen Hügel zwischen Olivenbäumen und Pinien. Die

La Paggeria Medicea
Viale Giovanni XXIII, Artimino
Carmignano
Tel. (055) 8718071

Zimmer befinden sich in den alten Dienstbotenquartieren und Stallungen von Großherzog Ferdinand, die liebevoll und unter Bewahrung des alten Kerns restauriert wurden. Sie können im Restaurant des Hotels essen, sollten aber lieber zurück zur Ortschaft Artimino fahren. Hier haben Delfina und ihr Sohn Carlo ein altes Bauernhaus zum Restaurant **Delfina** umgebaut. Vermutlich werden Sie einige Schwierigkeiten haben, zwischen all den Köstlichkeiten zu wählen, deren Rezepte die Besitzerin ihren Schülern und Erben vermacht hat. In jedem Fall erwartet Sie ein unvergesslicher Abend und mit Sicherheit werden Sie noch lange genussvoll an den Geschmack der wilden Kräuter und des frisch gebratenen Fleisches zurückdenken.

Da Delfina
Frazione Artimino
Carmignano
Tel. (055) 8718074

5. Tag – 4. Januar
Artimino – Poggio a Caiano – Florenz

Mit Sicherheit wird kein Lärm Ihren Schlaf verkürzen. Bei Tageslicht können Sie dann Ihr reizvolles Domizil und seine traumhafte Umgebung etwas näher in Augenschein nehmen. Die Landschaft wirkt in diesem Teil der Toskana wie verzaubert, das kleine romanische Pfarrhaus fügt sich dazu genauso gut wie die kompakte Silhouette des Anwesens und die perfekten Linien der Villa aus der Zeit der Medici. Ferdinand I. wünschte sich hier eine Villa und Buontalenti baute das Haus innerhalb eines einzigen Jahres. Es trug die unterschiedlichsten Namen, hieß **Villa di Artimino** wegen seiner Lage auf dem gleichnamigen Hügel, »la Ferdinanda«, weil der Großherzog sich gern hierher zurückzog, und »Villa dei Cento Camini«, weil es in jedem Zimmer einen eigenen Kamin gab, der aufs Dach hinausführte. Nicht nur wegen der Landschaft, sondern auch wegen der hervorragenden Produkte aus dieser Gegend sollte man hierher kommen. Das Öl, der Wein und die Pinienkerne der Region sind weithin berühmt. Der Carmignano gehört heute zur kleinen Familie der großen Weine.

Villa di Artimino
Carmignano
Infos zu Öffnungszeiten:
Tel. (055) 8792030

Der Rückweg nach Florenz führt durch **Poggio a Caiano**, das sich zwar keiner besonders schönen Lage rühmen kann, aber rund um eine der berühmtesten Villen der Medici herum entstand. Im Auftrag von Lorenzo dei Medici entwarf Giuliano di Sangallo das Gebäude im Stil der Renaissance. Der Fürst machte es zu seinem Landsitz und lud Philosophen, Schriftsteller und berühmte Künstler hierher ein. Ein wunderschöner Garten zieht sich rings um die Villa und grenzt sie gegen das Dorf ab. Wie in anderen Villen der Medici kam es auch hier zu dramatischen Ereignissen: Großherzog Franz I. verbrachte hier die schönsten Tage mit seiner Geliebten Bianca Cappello, doch das Haus erlebte auch das tragische und rätselhafte Ende dieser bis zum Tod dauernden Liebe.

Villa di Poggio a Caiano
Poggio a Caiano
Infos zu Öffnungszeiten:
Tel. (055) 877012

Kehren Sie nun nach Florenz zurück und beenden Sie Ihren Aufenthalt mit einer Hommage an zwei der bekanntesten Italiener: Dante und Michelangelo. Die **Casa di Dante** und die **Casa Buonarroti** liegen nicht weit voneinander entfernt gleich hinter Santa Croce, und auch die Grabmäler der beiden großen Männer stehen in der gleichen Kirche. Nehmen Sie sich Zeit, um die Geburtsorte und letzten Ruhestätten der beiden bedeutendsten Söhne der Toskana zu besichtigen. Genehmigen Sie sich vor der Abreise einen Imbiss in der **Cantinetta di Verrazzano**, deren Name an einen italienischen Seefahrer erinnert.

Casa di Dante
Via Santa Margherita
Tel. (055) 219416
10–16 Uhr, So 10–14 Uhr; Di geschl.

Casa Buonarroti
Via Ghibellina 70
Tel. (055) 241752
9.30–14 Uhr; Di geschl.

Cantinetta di Verrazzano
Via dei Tavolini 18
Florenz
Tel. (055) 268590

Februar *Marmor und der Karneval von Viareggio*

1. Tag – Mittwoch
Pisa – Torre del Lago – Viareggio

Von Pisa aus erreichen Sie Torre del Lago innerhalb von knapp 30 Minuten. Hier, am Ufer des winzigen Massaciuccoli-Sees, steht das Haus von **Giacomo Puccini**. Hinter der Schwelle scheint die Zeit stehen geblieben zu sein: Hier hängt noch eine alte Jacke am Haken, dort liegt eine Brille, und da stehen die Schuhe des Meisters, als käme er im nächsten Moment aus dem Nebenzimmer. Tatsächlich fanden er und seine Familie in der Kapelle ihre letzte Ruhestätte und auf dem noch geöffneten Flügel komponierte er seine schönsten Werke.

Wenn Sie in Richtung Massarosa weiterfahren, kommen Sie zur anderen Seite des Sees. Verbringen Sie die Nacht in **Camporomano**, auf einem Landgut zwischen Olivenbäumen. Sie können sich vor Ort wie Freunde des Hauses bewirten lassen oder nach Viareggio fahren und dort in der **Trattoria da Marco** am Hafen fangfrischen Fisch genießen.

Casa di Giacomo Puccini
Piazza Belvedere
Torre del Lago
Tel. (0584) 341445
Winter: 10–12 und 15–17 Uhr; Sommer: 10–12 und 16–19 Uhr

Camporomano
Località del Quercione
Massarosa
Tel. (0584) 922313

Trattoria da Marco
Via Paolo Savi 317
(Hafen)
Viareggio
Tel. (0584) 389349

2. Tag – Donnerstag
Massarosa – Pietrasanta

Besichtigen Sie am Morgen kurz das Dorf Massaciuccoli, das immerhin Überreste antiker römischer Thermen bietet. Fahren Sie anschließend weiter nach Pietrasanta und nehmen Sie sich unterwegs etwas Zeit für das kleine Dorf Monteggiori, dessen schmale Gässchen sich seit Jahrhunderten kaum verändert haben. Der Fürst von Lucca, Castruccio Castracani, trug wesentlich zum Bau des Ortes bei.

In Pietrasanta sollten Sie zunächst den Dom und den **Museo dei Bozzetti** besichtigen, ehe Sie sich auf der eindrucksvollen, eher heterogen angelegten Piazza einen Aperitif gönnen. Die beiden Cafés wetteifern um die Gunst der Gäste, in erster Linie Handwerker und Galeristen, Bildhauer und Künstler. Nehmen Sie anschließend einen Imbiss bei **Sci** ein.

Bringen Sie Ihr Gepäck ins **Hotel Pietrasanta**. Am Nachmittag können Sie zu Fuß zur **Fonderia Tesconi** wandern und den Bildhauern im **Studio Cervietti** oder im **Studio Palla** beim Bearbeiten der Marmorblöcke zusehen. In den offenen Werkhallen herrschen reges Treiben und die lebendige Atmosphäre einer Künstlerwerkstatt. Skulpturengruppen aus Gips, Familien aus mehreren Personen, griechische Statuen, eine Kopie des *David* von Michelangelo, Götter des Olymp und ein Giacomo Puccini mit gerader Nase und einer Hand in der Tasche, elegant mit Fliege und Gehrock bekleidet, stehen unbeweglich inmitten von Gipsstaub und scheinen auf große Ereignisse zu warten. Wenn Sie genug von Staub und Lärm haben, sollten Sie ins Hotel zurückkehren und sich auf ein Abendessen auf der anderen Straßenseite in der **Enoteca Marcucci** freuen.

Museo dei Bozzetti
Via Sant'Agostino 1
Pietrasanta
Tel. (0584) 791122
Di–Do 9–12 und 14.30–19 Uhr,
Fr–Sa 14.30–19 Uhr

Trattoria da Sci
Vicolo Porta a Lucca
Pietrasanta
Tel. (0584) 790983
So geschl.

Hotel Pietrasanta
Via Garibaldi 35
Pietrasanta
Tel. (0587) 793728

Fonderia Tesconi
Via Santa Maria 32
Pietrasanta
Tel. (0584) 790212

Studio Cervietti
Via Sant'Agostino 58
Pietrasanta
Tel. (0584) 790454

Studio Palla
Piazza Carducci 13
Pietrasanta
Tel. (0584) 70224

Enoteca Marcucci
Via Garibaldi 40
Pietrasanta
Tel. (0584) 791962
nur abends; Mo geschl.

3. Tag – Freitag
Pietrasanta – Carrara – Fivizzano

Fahren Sie nach dem Frühstück von Pietrasanta nach Carrara und besichtigen Sie dort zunächst das farbenprächtige historische Zentrum mit dem Dom. Folgen Sie dann den Schildern nach Codena-Bedizzano und den Wegweisern zur Marmorstraße in Richtung Colonnata bis zur **Cave di Fantiscritti**. Hinter einer alten Galerie zieht sich die Höhle tief in den Berg hinein. Aus den weißen Felsen wurden unzählige Marmorblöcke geschnitten. Im Schein des künstlichen Lichts wirken die auf diese Weise entstandenen Räume wie riesige Kathedralen.

Folgen Sie der Straße, die sich an den Höhlen vorbeischlängelt, bis nach Colonnata. Das kleine Dorf hat einer bestimmten Marmorart seinen Namen verliehen. In der Ortschaft leben Steinschneider, Förderarbeiter und Handwerker, die mit dem Marmor ihren Lebensunterhalt verdienen. Colonnata ist überdies berühmt für seinen Speck, der überall in der Stadt angepriesen wird und auch in die Töpfe international bekannter Köche wandert. Längst gilt er nicht mehr als Armeleuteessen, sondern findet zum Beispiel als köstlicher Belag für schmackhafte Crostini Verwendung. Am besten ist der Speck von **Venanzio**, der nach jahrhundertealten Trögen, dem saftigen Fleisch frei laufender Schweine, Knoblauch, Rosmarin und allen möglichen anderen vor Ort wachsenden Kräutern schmeckt. Suchen Sie unbedingt Venanzios kleines Restaurant auf und genießen Sie eines der traditionellen, auf kreative Weise zubereiteten Gerichte, die der Chef und seine Frau selbst kochen und mit einem guten Tropfen aus dem reich gefüllten Weinkeller servieren.

Ristorante Venanzio
Piazza Palestro 3
Colonnata
Tel. (0585) 758062
Do und So abends geschl.

Fahren Sie am Nachmittag weiter in Richtung Parma und legen Sie in Fivizzano eine Pause ein, um das Atelier des bekannten Bildhauers **Pietro Cascella** zu besichtigen. Er zeigt seine Werke in einem alten Fort in der Lunigiana, das er selbst in langjähriger Arbeit restauriert hat. Dieser Teil der Toskana ist viel weniger bekannt und besucht als viele andere Gegenden dieser Provinz. In der Lunigiana gibt es eine Vielzahl alter Festungen und kleiner Ortschaften, die von den verschiedenen Zweigen der Malaspina stets heftig umkämpft wurden, denn die Region bildete ein Einfallstor, durch das man in alten Zeiten, von Norden kommend, nach Rom gelangte.

Castello di Pietro Cascella
Fivizzano
Tel. (0585) 92444
nur Fr

Nach der Besichtigung sollten Sie in Fivizzano, einer einst bedeutenden Stadt der Lunigiana, zu Abend essen und übernachten. Das kleine **Hotel Il Giardinetto** bietet keine klassische Eleganz, vielmehr den Charme eines gemütlichen Privathauses. Das Essen wird in kleinen Salons serviert, die im Stil des späten 19. Jahrhunderts möbliert sind. Auf den Tisch kommen typische Gerichte aus der Lunigiana, einer der vielen verschiedenen Regionen der Toskana. Weil in diesem Gebiet häufig Krieg geführt wurde, waren die Menschen arm. Dies spiegelt sich auch in der Esskultur wider: Die Kräutertorte besteht aus einem schlichten Teig, der nicht einmal ein Ei, sondern nur Mehl und etwas Wasser enthält. Als Belag dienen frische Kräuter der Saison aus den umliegenden Feldern. Auch für die Testaroli verwendet man nur Wasser und Mehl. Zwischen zwei Deckeln wird daraus auf dem Kamin eine Art Crêpe gebacken, den man anschließend in Scheiben schneidet und mit einem vorzüglichen Pesto aus Basilikum, Olivenöl und etwas Schafskäse serviert. Wer einfache Gerichte der alten Art mit unverfälschtem Geschmack mag, wird hier voll auf seine Kosten kommen.

Hotel Il Giardinetto
Via Roma
Fivizzano
Tel. (0585) 92060

4. Tag – Samstag
Fivizzano – Luni – Massa – Querceta – Forte dei Marmi

Besichtigen Sie nach dem Frühstück das kleine Zentrum von Fivizzano mit der schönen Piazza Medicea. Fahren Sie dann nach Luni, um die Überreste der alten Etruskerstadt und den Hafen zu besichtigen, dem die Region ihren Namen verdankt. Die Römer nannten ihn »Hafen der Venus« und einst wurde von hier aus Marmor in die gesamte bekannte Welt verschifft.

Weiter geht es nach Massa, wo der elegante Palazzo Cybo Malaspina die prachtvolle Piazza Arancia säumt. Essen Sie in der **Trattoria del Borgo** zu Mittag, die sich in einem

Trattoria del Borgo
Via Beatrice 17/19
Massa
Tel (0585) 810680
Di geschl.

alten Palazzo im Zentrum befindet. Am Nachmittag können Sie das **Castello Malaspina** besichtigen.
Setzen Sie Ihren Weg über Querceta bis nach Forte dei Marmi fort und bringen Sie Ihr Gepäck ins **Hotel Franceschi**, ein wunderbares Haus, das sich ganz dem Stil früherer Zeiten verschrieben hat. Einst verbrachte die italienische Hautevolee die Sommermonate bevorzugt in Forte dei Marmi. Hier trafen sich die Magnaten aus Industrie und Finanzgeschäft, hier gaben sich Künstler und Modeschöpfer ein Stelldichein. In jener Zeit entstand ein ortstypischer Stil, der Kleiderordnung und Lebensart gleichermaßen prägte. Mamma Franceschi eröffnete ein Hotel, das diesen Stil exakt widerspiegelt, Papà Franceschi richtete es gemeinsam mit seinem Freund Italo Balbo, einem Flieger und ehemaligen Minister, der stets mit dem Wasserflugzeug übers Meer nach Forte dei Marmi flog, ein. Die Söhne führten die Tradition fort und machten das Hotel zu einem exklusiven Treffpunkt in wunderbarer Lage zwischen Meer und Burg.
Speisen Sie im **Orsa Maggiore**, einem ausgezeichneten Restaurant direkt am Wasser.

Castello Malaspina
Via del Ponte 15
Massa
Tel. (0585) 44774
Sommer: Di–So 9–13 und 15–19 Uhr;
Winter: Sa–So 9–13 und 15–19 Uhr

Hotel Franceschi
Via XX Settembre 19
Forte dei Marmi
Tel. (0584) 787114

Ristorante Orsa Maggiore
Via Arenile 29
Forte dei Marmi
Tel. (0584) 82219
Do geschl.

5. Tag – Sonntag

Nutzen Sie diesen Tag für einen ausgedehnten Einkaufsbummel. Auch wenn noch Winter ist, wirft der nächste Sommer schon seine Schatten voraus. Auf der Piazza findet ein bunter Markt statt und die umliegenden Geschäfte sind auch sonntags geöffnet. An den Marktständen können Sie nette Kleinigkeiten erwerben. In den **Magazzini del Forte** gibt es allerlei Hübsches von Büchern über Küche und Wohnkultur über alte Möbel und die neuesten Haushaltsgeräte bis hin zu schicken Modemagazinen. Bei **Daniela Broc** können Sie sich elegant einkleiden, bei **Pratesi** finden Sie Wäsche. Danach sollten Sie sich bei **Nelson** mit einem köstlichen hausgemachten Eis verwöhnen. **Giovanni** fertigt Schuhe nach Maß; bei **Parmigiani** kommen Leckermäuler voll auf ihre Kosten.
Nach dem Einkaufen ist es Zeit für einen Imbiss bei **Pizzino**, der Focaccia und Pizza mit Gemüse, Schinken und anderen Köstlichkeiten im typischen Stil von Forte dei Marmi anbietet.
Fahren Sie am Nachmittag weiter nach Viareggio. Der Karneval, das wichtigste Fest der Stadt, findet an der Uferpromenade statt. Der Umzug mit bunt geschmückten Festwagen ist mit Sicherheit der schönste seiner Art in ganz Italien. Die Maskenhersteller arbeiten das ganze Jahr über für dieses Ereignis und geben ihr Berufsgeheimnis vom Vater auf den Sohn weiter. Kehren Sie nach dem Umzug ins Hotel in Forte dei Marmi zurück und genießen Sie eine der Fischspezialitäten, die im **Ristorante Tre Stelle** auf den Tisch kommen.

Magazzini del Forte
Via Carducci
Forte dei Marmi

Daniela Broc
Via Carducci 17/A
Forte dei Marmi

Pratesi
Via Carducci 41/A
Forte dei Marmi

Nelson
Piazza Garibaldi 6
Forte dei Marmi

Giovanni
Via Risorgimento 15
Forte dei Marmi

Parmigiani
Via Mazzini 1
Forte dei Marmi

Pizzino
Via Roma 8
Forte dei Marmi

Ristorante Tre Stelle
Via Montauti 6
Forte dei Marmi
Tel. (0584) 80220
Mo geschl.

6. Tag – Montag
Forte dei Marmi – Pisa

Am letzten Tag geht es nach Pisa, wo Sie unbedingt den **Campo dei Miracoli** mit dem weltberühmten Turm, den Dom, das Baptisterium und den Camposanto besichtigen sollten. Ein Mittagessen im **Ristoro dei Vecchi Macelli** rundet die Reise auf überaus angenehme Weise ab.

Campo dei Miracoli
Piazza del Duomo
Pisa
www.duomo.pisa.it

Al Ristoro dei Vecchi Macelli
Via Volturno 49
Tel. (050) 20424
So mittags und Mi geschl.